河出文庫

# これから泳ぎにいきませんか

## 穂村弘の書評集

穂村弘

河出書房新社

# まえがきにかえて

知り合いの青年に「本は読まないの？」と尋ねたら「ほむらさんはダンスしないんですか？」と聞き返されたことがあります。読書は人生の必修科目でダンスは選択科目、というのはもう古い感覚らしい。

飲み会における「とりあえずビールで乾杯」やライフイベントとしての結婚が必修科目ではなくなったように、全てが自由意思による選択科目という世界では、読書だけが特別ということもなくなるんだろう。

そう思いながらも、「読書は楽器やスポーツと同じように趣味の範囲であり、読んでも読まなくても構わないのではないか」と改めて問われると、「賛成です」と答えることに不安と躊躇(ためら)いを覚えます。

それはどうしてなのか、考えてみました。ひとつ思い当たったのは、読書という行為は言葉と密接に関わっている、ということです。

読書が「楽器やスポーツと同じように趣味の範囲」というのは、或(ある)いはその通りなのかもしれません。「楽器」がなくても「スポーツ」がなくても、そして読書がなくても、生きてゆくことはできる。その意味では確かにいずれも「趣味の範囲」と云(い)えそうです。

でも、言葉そのものはどうなんだろう。それも「趣味の範囲」なのか。いや、他者とのコミュニケーションに必要というだけではなくて、誰にも会わずひと言も話さない日でも、私たちは心の中で無意識に言葉を使っています。それなくして生きることはできない、と思えるほどに。

映画などで、親から出生の秘密（「実はお前は私がお腹を痛めた子じゃないの」とか「お前たちは本当は血を分けた兄妹なんだ」とか）を告げられた主人公がショックを受ける、というシーンを見ることがあります。

それまで信じていた世界が親の言葉によって覆(くつがえ)ったのです。いや、正確にいうと覆ったのは世界ではない。何故(なぜ)なら、親が子供に出生の事実を語る前と後で血の繋(つな)がりやＤＮＡが変化したわけではないから。その意味では、物理次元の世界は何ひとつ変わってはいない。つまり、親の言葉で覆ったのは世界そのものではなく、主人公の心の中の世界像ということになります。

ならば、私たちがひとつの共通の世界に生きているというのは実は錯覚で、本当はひとりひとりの内なる世界像を生きているに過ぎないんじゃないか。そして、どうやら言葉はそのことに深く関わっているらしい。

私がイメージしたのは蜘蛛(くも)と糸と巣の関係です。蜘蛛が自分の糸だけで編んだ巣の上で生きるように、我々も普段は意識しないけど、自らの内なる言葉（糸）が作り出した世界像（巣）の上で生きているんじゃないか。つまり、人間は言葉の介在無しに世界そのものを直に生きることはできないんじゃないか、と。

逆に云えば、言葉によって世界像は書き換えられることになる。エスカレーターに立っている時、その横をガンガンと大きな足音を立てて降りてゆく女性がいます。その度に苛々していたら、或る時、知人に「サンダルの構造上ああなっちゃう、カスタネットガールという種族なんです」と教えられました。すると、不思議なことに、彼女たちに出会っても「あ、カスタネットガール」と、むしろ面白く感じるようになりました。私が忍耐強くなったわけではなく、ひとつの言葉を知ったことによって世界像が変化したのです。

この例からも分かるように、読書という行為だけが内なる言葉を養うわけではない。でも、本が言葉の、すなわち他者の世界像の塊であることもまた確かです。私が読書に特別な意味を見出したくなるのはそのためではないか、と考えました。

＊

右の文章は、以前「読書は必要か」というテーマをもらった時に書いたものです。普段は特に必要性を意識することなく、読みたいから読んでいるだけなんだけど、改めて考えてみるとこんな感じかなあ、と。

これから泳ぎにいきませんか　目次

## II

# これから泳ぎにいきませんか

穂村弘の書評集

# I

# その凄さ海のよう

山岸凉子『日出処の天子』（ＭＦコミックス）

海は、いつも予想以上に大きい。予想以上に大きいぞ、とあらかじめ心の準備をしていっても、実際に目の当たりにすると、おお、大きい、と思わされてしまう。そうだ、これだった。これが海だよ。予想の皮がべろっとむけて、毎回、新鮮にそう感じる。目の前の現物の存在感が、常にこちらの心の容量を超えてくるところに凄さがある、と思うのだ。

文学や漫画などの表現ジャンルにおいても、或るレベルを超えた傑作は海に似ている、と思う。

何故、そんなことを云い出したのかというと、実は先日、久々に『日出処の天子』を読んでしまったのだ。十年ぶりくらいだろうか。天才山岸凉子の代表作にして日本漫画史上に燦然と輝く傑作、とつぶやいてあらかじめ心の準備をしておいた。

それから、読み始めたのだが、私は途中で何度も本から顔を上げた。そして、真夜中の空気に向かって囁いた。凄い、凄い、凄い、これ、物凄いよ。誰かに電話をかけてそう云いたい。ツイッターでそうつぶやきたい。でも駄目だ。そんなことはみんなとっくに承知している。何よりも私自身が知り抜いていたはずではないか。
でも、それは関係ない。だって、相手は海なんだから。実際に目の当たりにしてしまった時の凄さは、常に圧倒的に新鮮だ。

「人ひとりが完全であるために、他の人間をこれほど欲さなければならないというのはどういうことだ。わたしという人間はそれほどまで欠落した部分を持って生まれたのか。いや、それよりもなにより、もっと恐ろしいのは、毛人（えみし）にとってわたしは…、そうだ、毛人にとってわたしは、必要欠くべからざる人間ではない！」

主人公の厩戸王子（うまやどのおうじ）（聖徳太子）の言葉である。ここには愛というものが真っ正面から描かれている。それは通常の男女の愛とはまったく違っていて、けれど、これこそが真の姿だと思い知らされる。

あまりにも心が震えるので悔しくなる。海に挑戦してみたくなる。具体的には、海の前で、手で顔を覆ってみる。そして、いないいないばあ、をするのだ。さっきまで見ていた海を、一瞬隠してまた見る。それでも海は新鮮に大きいだろうか。

つまり、こうだ。数頁（ページ）前に戻ってもう一度感動シーンを味わってみるのである。さっきは不意をつかれたからしびれてしまったが、今度はそうはいかないぞ。ぺらっ、ぺらっ、ぺらっ。来るぞ。来るぞ。来る。来た。

「毛人にとってわたしは、必要欠くべからざる人間ではない！」

じーん。ふるふるふるふるふる。駄目。来ると思ってそのシーンが来ると、さらに感動してしまうよ。

# 思春期最強のバイブル

倉橋由美子『聖少女』（新潮文庫）

長らく入手困難だった新潮文庫版『聖少女』がついに復刊された。

解説の中で桜庭一樹は「この国で書かれたもっとも〝重要な〟少女小説」と呼んでいるが、本書を始めとする倉橋由美子の初期作品は私にとっての思春期のバイブルでもあった。

自分は特別な人間だ。なんの根拠もなくそう思い込んでいた高校生の私は、いつも不安だった。モシモ、特別ナ人間ジャナカッタラドウシヨウ。倉橋作品を読むことによって、ともすればぐらぐらと崩れそうになる心をなんとか支えようとしていた。

自分は特別な人間だ。今振り返れば、その思いは思春期という特別な季節がみせた夢であったことがわかる。「自分」ではなくて「季節」が特別だったのだ。アルバイトをしたこともなく、女の子の手を握ったこともなく、クラブ活動に熱中したことすらない。つまり、現実の中で何かをしたことがまったくない。そんな私は現実と未来が怖ろしかった。

現実の自分にあるのはふるふる震えるひ弱な自意識と、あたまでっかちな観念だけ。

そんな自己像を直視しないために、観念で世界を支配できるという錯覚を与えてくれるような強度のある幻想をいつも探していた。

『聖少女』は当時の私にとって最強の幻想イコールバイブルだった。近親相姦、ドラッグ、強盗、記憶喪失、革命、転向……、思春期という季節の特権性を最大限にロマンチックに描き出した傑作。作中の少年少女は私と同じようにひ弱であたまでっかちで、でも、輝いている。

小学校にはいると、毎日朝礼という行事がありました。貧相な養鶏係の何人かが壇上に立ってお話をしたあと、レコードがかかって体操となり、体操の教師がオイチニイサンシイとどなる声にあわせて、数百羽のチキンたちはばたばたと手足を動かすのでしたが、このなかにまぎれこんでいたあたしは、はずかしさで頭が熱くなり、いつもめまいをおこしていました。空はまっくらにみえました。

いま、血を流しているところなのよ、パパ。なぜ、だれのために？　パパのために、そしてパパをあいしたためにです。

ぼくたちは正装していた。ひとは犯罪を働くときにはうやうやしく正装すべきだ。

あたしは自動操縦装置となってポルシェを走らせました。海をめざしていたようです。

かっこいい。かっこいいよ。運転免許もなく、誰かを殴ったこともなく、旅をしたことすらない私は、これらのフレーズを痺(しび)れながら貪(むさぼ)った。コレハマルッキリボクトオンナジダ。コレハボクダ。

世界はぼくにしたしげな微笑を送り、ここに燃えさかっているのは現在だけだ。

# かっこいい部屋

木内昇『新・東京の仕事場』（平凡社）

他人の部屋や仕事場に興味がある。

積み上がった本やダイエット茶の空き缶や食パンの「部分」などが散乱する机の上で、私は「パリジェンヌのアトリエ」とか「ニューヨークのアトリエ」とか「デザイナーの部屋」といった本を開いてうっとりする。

凄いなあ、かっこいいなあと思う反面、環境が違いすぎて感情移入しきれない。そもそもの部屋の広さや建物のつくりや窓の外の景色が「ここ」とは全然違っているのだ。缶のお茶とか食パンもないし……、外国ものは別世界の絵本を見るようにぱらぱらと眺めて楽しむことになる。

『新・東京の仕事場』の場合は、もっと身近な感覚とライバル意識をもって（？）嘗めるように読んだ。部屋の持ち主は、イラストレーター、写真家、デザイナー、焼きもの作家、料理家などである。しりあがり寿さんや祖父江慎さんなどの仕事場が載っていておおっと思ったり、逆に紹介されている部屋の個性を通してそこに住んでいる作家さんに関心を持つケースもある。

海から徒歩二分とか、都会のど真ん中とか、築七十年の和洋折衷建築とか、それぞれに魅力的で、どれを見ても羨ましくなってしまう。もしも、この中に僕がいる「ここ」が載ってたら……、と想像して気が遠くなる。部屋がださいクリエーターっていないのか。

どの仕事場も魅力的にみえるのは、撮影した川内倫子さん（彼女の部屋も載っている）他による写真の良さってこともあると思う。たぶん、これとかこれなんかは実物はこんなにはかっこよくないんじゃないか、などと疑いの眼差しを向けたりする。札幌時計台の実物を初めて見た観光客は皆、絵葉書や写真とのあまりのギャップに「これ、本物？」と驚くではないか。本物です。

また部屋の使い方というか細かいアイデアにも個性が出ていて面白い。いきなり事務所の中央に卓球台、なのに灰皿がのっていて、「？」と思うと、それが打ち合わせ用の机とか。純白のマトリョーシカなんていう小物も初めて見た。不気味でかっこいい。他人の部屋を見るのが好きな人にお薦めの一冊だ。

それにしても、とふと思う。これとは逆に「ださい部屋」を集めた写真集があったらこわいもの見たさでみんな買うんじゃないか。それとも、もうあるのかな？　昔、天才童画家初山滋の部屋にはいつも獣の匂いがしてたっていう記事を読んだことがあって、あんなに美しいものをつくるのにと思ってどきどきした。

かっこいい部屋のかっこいい机の上で、写真集「ださい部屋」を眺められる自分になりたいものである。逆転世界だ。

# 物語のない時代

桜庭一樹『赤朽葉家の伝説』(東京創元社)

　子供の頃、遠縁のおばあさんの噂をきいたことがある。彼女は生まれつき盲目で、しかし他人の運命がみえる「千里眼」だったというのだ。自分が生まれる前に死んでしまったその人のことを、私は憧れとも怖れともつかない気持ちで思い浮かべた。「千里眼」以外にも「神隠し」とか「狐憑き」とか、親戚のおじさんやおばさんがときどきそんな話をしていた。でも、身近にはどこを見てもそんなものの気配はなかった。迷信じゃないのかなあ、と小学生の私は思ったものだ。

　しかし、その頃もまだ「人さらい」の存在感は生きていた。マントを着た怪人が子供をさらってサーカスに売り飛ばすというのだ。小学校の帰り道に見慣れぬ男がついてくるのがこわくて、走って逃げたことがある。

　それから「だあだあおじさん」。呼び名は違っても、昭和の頃には、どこの町にもひとりくらいちょっとネジがゆるんだような変なおじさんがいたものだ。俺も野球に混ぜろと云って子供たちに迷惑がられながらも、ときどきお祭りの手伝いなどをして食べ物を貰ったりして、彼らはそれなりに地元の社会と共存していたのだ。

だが、平成になって「千里眼」「神隠し」「狐憑き」は勿論、「人さらい」も「だあだあおじさん」も絶滅した。それらの妖怪的な存在がサバイバルできる社会ではなくなったのだ。残されたのは「ストーカー」や「不審者」だけ。つまり怪しいモノは全て犯罪者かその予備軍という位置づけだ。今の私が下校途中の子供に声をかけたら、それでもう立派な「不審者」に分類されてしまうだろう。仕方がない。実際にいきなり子供を殺すような人がいるんだから。

桜庭一樹の『赤朽葉家の伝説』には、このような時代の流れとそれに伴う人間、特に女たちの姿の変化が描き出されている。口で云うのは簡単だが、これができるというのは大変な筆力だと思う。本書の帯には「祖母。母。わたし。」と大きく書かれているのだが、たった三代の間に世界は激変してしまった。

「赤朽葉万葉（祖母）」は「ひろわれっ子」で「千里眼」で「文字が読めず」、ここが「地球」であることも知らない。そしてたくさんの子供を産んだ。

「赤朽葉毛毬（母）」は「美人」で「少女暴走族〈製鉄天使〉の頭」。暴走族引退後は「天才少女漫画家」として巨額の富を稼ぎ出した。そして三十二歳で夭折。

「赤朽葉瞳子（わたし）」は云う。

　ようやくたどりついたこの現代で、わたし、赤朽葉瞳子には語るべき新しい物語はなにもない。なにひとつ、ない。紅緑村の激動の歴史や、労働をめぐる鮮やかな物語など、なにも。ただわたしに残されているのは、わたしが抱える、きわめて個人的な問題だけだ。それはなんと貧しい今語りであることか。

この感覚はよくわかる。物語のない時代の透明な手応え（てごた）えのなさを読者である私自身も共有しているからだ。そして「わたし」は「貧しい今語り」の代わりに、祖母が犯したらしい殺人の謎を解くことを決意する。殺されたのは一体だれなのか？　この展開に興奮させられる。それは謎解きであると同時に、透明な「わたし」が過去の歴史や風土や血縁ともう一度繋（つな）がり直そうとする熱い試みでもあるからだ。

# 桃太郎の桃の運命

内田百閒「桃太郎」／
『内田百閒集成14　居候匇々』（ちくま文庫）

内田百閒の「桃太郎」という作品が面白い、と聞いた。南伸坊さんによれば、誰かに薦めたいと思う唯一の話とのこと。そうまで云われたら、読むしかない。早速近所の本屋さんで買ってきた。

一読して茫然とする。なんだ、これは。途中まではわれわれが知っている「桃太郎」と同じように話が進んでゆく。だが、桃から「桃太郎」が生まれた辺りから急速に展開が変わってゆく。

お爺さんとお婆さんは、びっくりしたはずみに、桃太郎が生れた後の桃の実をたべる事など、すっかり忘れてしまいました。

その傍に、それはそれはおいしそうな桃の実が、真中から二つに割れたまま、ころがっているのを、二人ともすっかり忘れている様子でありました。

後になってからも、もうそれっきり、桃太郎の生れた桃の実の事など、思い出した事はありませんでした。

これらの文中では、「お爺さん」と「お婆さん」が、「桃太郎」ばかりに気をとられて「桃」の存在を忘れていることが、繰り返し指摘されている。「すっかり忘れてしまいました」「すっかり忘れている様子でありました」「思い出した事はありませんでした」と。作者はこのことがよほど不満だったのだろう。そこで、彼は彼にとっての真のハッピーエンドを目指して、もうひとつの「桃太郎」を書き進めることを決意したらしい。

百閒版「桃太郎」では、その後の「桃」の運命が描かれる。「桃太郎」も「お爺さん」も「お婆さん」も「犬」も「猿」も「キジ」も「鬼」も「きびだんご」も全て無視して、ひたすら「桃」を追いかけてゆく。そのひたむきさが胸を打つ。ラストシーンはこうだ。

暫らくして、猪が目をさまして見ますと、さっき枕もとにおいて寝た桃の実に、小さな蟻が一ぱいたかっておりました。

猪は、その桃の実の残りを、蟻ごと食べてしまいました。めでたし。めでたし。

最初に読んだ時は、「え、これで終わり?」と心底驚いた。でも、今ならわかる。「桃」がちゃんと食べられて終わる。これこそが作者にとっての真の「めでたし」だということが。

最後に突然出てくる「蟻(あり)」もポイントだ。一見すると、「蟻」まみれでなければ「桃」はよりおいしく食べられて、もっと「めでたし」に思える。でも、それは違うのだ。

これは「猪」の話ではなく、あくまでも「桃」の話なのである。「蟻」のせいで食べて貰えないかもしれない、という一瞬の不安。だが、その障害を乗り越えて「桃」はぺろりと食べられた。つまり「蟻」によって、「桃」の運命における「めでたし」の純度はむしろ高まったわけである。「蟻」にも「猪」にも食べられた。めでたし。めでたし。

# マンモスと女の子

ジェラルド・カーシュ『壜の中の手記』
西崎憲他訳（角川文庫）

なんともぶっとんだ話が詰まった短編集である。

「どの一篇も、思いも寄らない奇想を現実的なディテールで包み込んで、誰もが『そんな馬鹿な』と叫び、ついで『まんまと騙されてしまった』と悔しがり、しかし他の作家ならそこまでのところ、カーシュの場合『一体どこからこんなアイデアを得たのだろう』とつい考えてしまうのだ」とは「解説」の山之口洋氏の言葉だ。

奇想と云い、騙しと云っても、例えばそれがミステリーなら、事件の犯人やトリックがどんなに意外なものであっても、その前提となっている基本的な人間の欲望自体はオーソドックスであることが多い。そこが異常だとそもそもの論理の起点が特殊ということになって、謎解きの意味が薄れてしまうからだ。

だが、カーシュの場合は違う。そもそもの夢や願いが特殊であり、しかも全体を読むとそれが不思議な説得力をもって迫ってくるのだ。

収録作の中では比較的大人しい内容と思われる「凍れる美女」にして、「時折、完全な保存状態のマンモスが発掘される。凍土という永遠の冷蔵庫のなかで百世紀を経たにもかかわらず、食べられるほど新鮮な状態のものが」と云った話の流れから、偶然大昔の「女の子」を掘り出してしまうという話である。勿論、食べるためじゃなくて、溶けて生き返った彼女を愛するために。

彼女を発見した時の描写が美しい。

両方の頬で涙が粒になって凍っていた。手には骨と毛皮で作った人形を持っていた。子供は女の子で十歳くらいだった。遠い遠い日、その子は泣いていたのだろう。死を運ぶ寒気が降りてきた時、この子はそれで遊んでいたのだ。

百世紀の時を超えた「涙」が目の前で流れるところが見たくなる。

# 全開の「好き」

内藤ルネ『内藤ルネ自伝　すべてを失くして』（小学館クリエイティブ）

イラストレーション、人形、雑誌のふろく、キャラクターグッズなどで知られる内藤ルネの自伝である。七十歳を過ぎて大ブレイク、再評価が進んでいる。

一読して、可愛(かわい)いものが大好きなルネの純粋さにうたれる。生の全ての瞬間において、「好き」や「憧れ」に対して感覚が全開になっているところが凄(すご)い。例えば、師である中原淳一の作品との出逢いの場面。

なんて美しいのだろう！　私は見つけた口絵を大切に抱いて帰り、箱にしまいました。そして、しょっちゅう取り出しては見惚れていましたね。B29の爆音のする下でもね。

このような感覚が発見させた数々の宝物たち。路上やゴミ捨て場から拾い上げられたものも多い。ビスクドール、トマト、医療用家具、お地蔵さん、パンダ、ビリケン、水玉、籐椅子(とういす)、猫などなど、内藤ルネは、その魅力を作品化して多くの人々に伝える力にも恵まれていた。

トマト柄も、ある日突然ひらめいたんです。冷蔵庫を開けたら一つだけあったトマトがとてもきれいで、あらためてつくづく見るといい形なのね。だいたい丸いものって好きなんです。(略)

ポップアートだって言われますけど、そういえばそうかもしれません。トマトもすぐにそっくりさんが出たけれど、一見するとまるっきり同じもののようなのに、その大手四社のプロジェクトはみなつぶれました。おかしなものですね。あんなものにも、心がこもるんですね。

「あんなものにも、心がこもる」とは真実に違いない。表現のテクニック以前に存在する「トマトがとてもきれい」という感じ方の深さが、生み出された作品の運命を分けるのだろう。全身で強く感じられることが才能なのだ。

厳密な意味での初恋の人はね……兄でした。

はっきり申しましてね、淳一先生は、私に気があったの。

ストレートを恋い慕い、くるわせてみたいというのは、こちらの世界ではだれもが抱いている永遠の願望です。周りに対しての、一種の手柄のような面もありますね。

ハッピー・エンドは絶対にないというのが、最初からわかっていての願いです。

こちら側の人間にしても同じです。ストレートを愛したらとんでもないことになっちゃう。つねに葛藤があるというか、昇華するってことはないの。ベッドをともにしても、ふたりそろって昇りつめることはできない……。

愛(いと)しい、悲しい、嬉(うれ)しい、淋しいなどの感情の溢(あふ)れるような豊かさ、濃さ、純粋さに魅せられる。「想いが尽きるっていうのは一度もないんです」という言葉が美しい。カバー裏の、巨大なテディベアがブリーフ姿の少年の肩を優しく抱いているイラストもキュート。

# 世界を変える魔力

つげ義春「ねじ式」／
『つげ義春コレクション　ねじ式／夜が摑む』（ちくま文庫）

現在の自分というものをつくった過去の経験について考えることがある。親子関係、友人関係、恋愛関係、風土、時代など、誰にとってもさまざまな要素があるだろう。また、そのような現実体験のほかに、本、音楽、演劇、映画、といった表現ジャンルからの影響も見逃せない。

これに関しては世代的な影響も大きいと思う。先日、二十代の人々と話をしていて、彼らのうちの誰ひとりとして沢田研二を知らないのに愕然（がくぜん）とした。嗚呼（ああ）、これが「未来」というものか、などとつい大げさに考えてしまう。

そして、君たちが将来キムタクを知らない若者に囲まれてるようなもんだよ、と若者たちに説明してみる。が、きょとんとされてしまった。そうだろうなあ。実際にその立場にならないとわからないよ。

一方で、そんな彼らが漫画家のつげ義春の話で盛り上がっていたのにも驚いた。まあ、本が好きな人々の集まりだったせいもあるだろうけど。今も読まれてるんだなあ、と感慨深い。

つげ作品がベストセラーになったという話はきかないが、確かに代表作の「ねじ式」などは、一九六八年に発表されてから、何度も形を変えて出版されてきたロングセラーであり、各ジャンルの無数といっていい表現者に大きな影響を与え続けてきた。

何巻にもわたるような長編が珍しくない漫画というジャンルにおいて、わずか二十数頁（ページ）という「ねじ式」の長さを考えると、稀有（けう）なことに思える。今手元にある文庫版をぱらぱらめくってみても、全ての見開きがこちらに迫ってくるように感じられる。加えて異様な言葉の魅力。

「よしこうなったら徹底的に村中を捜すぞ。いやこの場合テッテ的というのが正しい文法だ」

「もしかしたらあなたはぼくのおッ母さんではないですか。ねッじつはそうなんでしょう。ぼくが生まれる以前のおッ母さんなのでしょう」

「そういうわけでこのねじを締めるとぼくの左腕はしびれるようになったのです」

これらの奇妙な言葉は伝染するのだ。「ねじ式」を読んだ者の脳みそに焼き付いて、何かの拍子に口からぽろぽろ零（こぼ）れ出してしまう。

映画化や舞台化の他、オマージュやパロディ作品も数多く存在するわけだが、それ以外にも、ジャンルを問わず、或る表現に触れた時、この作者が「ねじ式」を読んでいないことはありえない、と感じるケースがある。

読む前と読んだ後とでは、その人に見えている世界が決定的に変化してしまう。この作品にはそんな魔力が秘められているのだろう。

# 命を甦らせる快楽

三宅やよい『駱駝のあくび』（ふらんす堂）

私たちが詩や短歌や俳句をうまく読めなかったり、苦手に感じるのは何故だろう。学校や会社で普通に使われる散文は「社会」と繋がっている。それに対して、詩歌の言葉は「世界」と繋がっているのだ。私たちは物心ついた時から「社会」的にきちんとチューニングを合わせることを要求されて、幼稚園や学校や会社で長年訓練を受けてくる。その結果、いわゆる常識やコミュニケーションスキルを身につける。それらは「社会」の運営上確かに必要なものだ。しかし一方で、その訓練の結果、私たちは子供の頃もっていたような「世界」を直接味わう感覚を衰弱させてしまう。旅行やギャンブルや恋愛といった反「社会」的な時空間でだけ、「世界」に直接触れる自らの命を強く実感できるのはそのためだ。

そして、詩歌とは本来そのような領域に属する言葉なのだ。恋をすると誰でも詩人になる、と云うではないか。詩歌を読むことは「世界」に触れて命を甦らせる快楽を味わうこと。例えば、句集『駱駝のあくび』は手を伸ばせばすぐ「世界」に触れられる場所にまで読者を連れていってくれる。

三組の窓の前だけ花盛り

学校の光景だろう。一組の窓の前に枝はなく、二組の前の花は咲ききっていない。現実の或る一部分だけを言葉のフレームで切り取って、「三組の窓の前だけ花盛り」なのだ。その外側を切り捨ててあるわけだ。

これはカメラをもった人が半ば反射的に一組でも二組でもなく「三組の窓」を狙うのと同じことだ。できあがった写真を見た人は、学校中の花が満開だったように思うだろう。だが、俳句の場合は少し違う。「窓の前だけ」の「だけ」があることで、読者の心には「三組の窓」と同時に一組や二組のことが思い浮かぶ。花の咲いている窓もあれば咲いていない窓もある、そんな「世界」の多層性を味わうことができるのだ。

ナイターのみんなで船に乗るみたい

こちらは球場の光景か。なるほど、夜のスタジアムは定員五万人とかの巨大な客船のようだ。いや、もしかするとこれはあの方舟（はこぶね）というやつかもしれない。五万人の視線が試合というただひとつの運命の行方を真剣に見守っていることが、この感覚を強めてくれる。

「風光る鳥に小さな頭蓋骨」「春の闇応接室の白カバー」「かばんよりかばんとり出す花の昼」「パレードのアヒルがうつるサングラス」「間取り図の枠はむらさき牡丹雪」「蘭鋳の水ほのぐらし電子辞書」など、他にも面白い句が満載である。

# 瞬間冷凍された「今」

小島なお『歌集　乱反射』（角川書店）

　私は「今」をちゃんと味わったことがないような気がする。「今」以外の、過去や未来なら味わったことがある。明日の遠足が楽しみでどきどきして眠れないとか、昔の恋を思い出してきゅんと切なくなるとか。この「どきどき」や「きゅん」が、その味わいなのだろう。

　ところが遠足や恋の真っ直中にいる時は、それがよくわからないのだ。無我夢中過ぎて味がしないというか、なんというか。極端な場合には、遠足やデートが早く終わらないかなあ、と思うことさえある。早く家に帰ってデジカメの写真などを見ながら、ああ今日は楽しかった、と確認したいのだ。「今」をいったん過去にしてからゆっくり味わうという生活の知恵（？）だ。

　私たちは常に「今」だけを生きている。それなのに「今」を味わうことが一番難しいなんて不思議だ。

『乱反射』は、小島なおの第一歌集。十七歳から二十歳までにつくられた短歌作品が収められている。そのひとつひとつに、おそらくは生身の彼女がリアルタイムに感じた以上の「今」が瞬間冷凍されて詰まっている。

シーラカンスの標本がある物理室いつも小さく耳鳴りがする

劇的なことはまったく描かれていない。〈私〉はただ学校の物理室にいるだけだ。しかし、ここには濃厚な「今」の味わいがある。ポイントは「いつも小さく耳鳴りがする」だ。埃（ほこり）っぽい物理室に入った時、確かにそんな感じがした。「この感覚わかる！」と思う時、私もまた解凍された「今」を味わっているのだ。

なんとなく早足で過ぐ日差し濃く溜れる男子更衣室の前

「男子更衣室の前」で「なんとなく早足」になるのは、作者が若い女性だからだろう。今も昔も私にはこんな経験はない。だって「男子更衣室」の中にいたのだから。にも拘（かか）わらず、「この感覚わかる！」と思ってしまう。不思議だ。映画や小説における感情移入とは別の次元で、他者の「今」を自分のものとして味わっているのだろう。

昨日の夜何を食べたか思い出すためにゆっくりまばたきをする

下じきをくにゃりくにゃりと鳴らしつつ前世の記憶よみがえる夜

朝だからきらめくものが多すぎて食卓のスプーンにくらくらとする

この先の予定ばかりを考えて蛍光灯のあやしい光

「今」「今」「今」「今」……。たくさんの「今」をぺろぺろと味わいながら、呆然とする。「今」ってこんな味だったのか。

走りくるバイクの光、一瞬のかつ永遠のいまのまぶしさ

# 猫目小僧は誇り高いヒーローだった

楳図かずお『猫目小僧』（小学館）

二〇〇六年に復刊された『猫目小僧』を、数十年ぶりに再読して驚いた。猫目小僧ってこんなに格好いい奴だったのか。子供の頃読んだ時は、なんだか怖い生き物という印象しかなかったが、大人になった現在の目で見ると、ほとんど理想の人間像といってもいいくらいだ。

「人間像」といいつつ、猫目小僧は妖怪猫又の子であり、にも拘わらず、人間じみた容姿のために、妖怪からも人間からも忌み嫌われるという存在である。

猫だけを友とする猫目小僧は誰よりも孤独で、しかし相手が妖怪であれ人間であれ動物や虫たちであれ信義は守る、という誇り高い生き方を貫いている。

だから状況によっては恐ろしい妖怪とも戦うし、逆に人間の生み出した文明にも与することはない。

「おれが小屋でねていたら、とつぜん列車がとびこんできて大けがをした。みてろ列車め！　しかえしをしてやらんことには、腹の虫がおさまらん！」

そして、走ってくる新幹線に飛びかかって窓を割るなんていう無茶をするのだ。運転手を襲ったりするのではなく、「列車め！」と云って列車そのものに生身で挑むところが素晴らしい。

「おれがいくところにはかならず恐ろしいことが起きるんだ」

その言葉通り、世界には恐ろしい妖怪とそれ以上に醜い心の人間が充ち溢れている。猫目小僧は双方の泥水をさんざんに浴びながら、しかし、ぐちゃぐちゃの世界に絶望することなくただ生きる。彼の一挙手一投足が読者の心の中に、この「ただ生きる」という感覚とそのための勇気を甦らせてくれるのだ。

それは例えば木枯し紋次郎やバイオレンスジャックといったヒーローたちのニヒルな強さともまた違っている。描かれた世界の異様さとは裏腹に、猫目小僧の魅力は実はごく普通の人間的な尊厳に根ざしたものだ。

絶体絶命の境地に陥って死を目の前にしても、「来い！　こうなりゃあばれるだけあばれてやらあ」の決め台詞とともに、敵を引っ掻き、噛みつきまくる。直前に小さな化け物仲間を「あばよ」とその場から逃がしていることが、到底勝ち目のない敵に向かって叫んだ「来い！」にたまらない輝きを与えている。

# 昭和初期を生きた永遠の少女

山川彌千枝『薔薇は生きてる』（創英社）

『薔薇は生きてる』は、大正七年に生まれて昭和初期を生きた永遠の少女の、日記、手紙、短歌などを集めた本である。何故「永遠の」かと云えば、彼女は昭和八年に十六歳で亡くなってしまったからだ。肺結核だった。ゆえに最後の数年間は大半を部屋の中で過ごしたことになるのだが、残された文章はあまりにも生き生きとしていて驚かされる。

> 人々は私がお人形好きだと思ってるけど、私好きじゃありません。お人形さんをだっこして、言葉をかけたりした事がありません。それは小さい時はそうでしたけど。
>
> 夜、ショートケーキをたべる。このショートとは、短かいって言うのかしら。そうとしたら、つまり、長くもたないおかし、つまり、短かいおかしなわけね。
>
> なんにも書く事がない。何にも考える事がない。うづまきをぐるぐる書いてやろうか。

ほっぺたのやわらかい女の人の絵がかきたくてならない。

お天気で夕方、富士がとても男に見えた。

もしも私が死ねば、小説みたいだ。

空があんまり青いので、朝、飛行機を見る目がいたかった。飛行機がとんだ、とんだ、とんだ。

感覚の鋭い言葉たちは現在との時間差をまったく感じさせない。でも、この少女がもしも今生きていたら九十一歳なのだ。そう思うと、くらくらしてしまう。また、この時代に「ショートケーキ」とか食べてたんだなあ、と妙なことに感心したりもする。少女を取り巻く環境が経済的にも文化的にも次元の高いものだったことは疑えないが、他にも「レモンスカッシュ」「チョコレートパン」「レモンパン」「マヨネーズ」「マニキュアセット」などの語がみられて随分モダンな暮らしぶりだと思う。一方で、時代を感じさせる言葉も散見される。「中野ステーション」「ハンケチ」「お三時、落花生」「いよいよ日本は国際連盟を脱退するらしい」「中野電信隊出兵す。いよいよ戦争らしい」などなど。高野文子の漫画を読んでいるような気持ちにさせられる。

私ハンドバッグ買ってもらったのよ。でもあんまりいいんじゃないの。蒲団の中でハンドバッグもってるのよ。おかしいでしょう。

「おかしいでしょう」に胸をうたれる。生き生きとしたユーモアの背後に病をもつ自分の姿を客観視する眼差し(まなざ)があって、このままいけば将来（!）は優れた物書きになったんじゃないか、と思わされる。前掲の「ショートケーキ」の「長くもたないおかし、つまり、短かいおかしなわけね」にも、或い(ある)は自分自身の投影があったのかもしれない。そう思うとなんとも云えない気持ちになる。

元々は彼女の短歌の解説を依頼されたことによって、私は本書の存在を知った。夭折したからと云って作品が優れているかどうかはまた別、そう思って「作品を見せて戴いてから検討させて下さい」とお応えしたのだが、送られてきた歌を一読して懸念は吹っ飛んだ。彼女の歌は素晴らしかった。

泣いたあとめがねをとって光に透(す)かした、牛乳のように白い涙のあと　　山川彌千枝

# こんな場所で生きているんだなあ

黒瀬珂瀾『街角の歌』（ふらんす堂）

近代から現在までの短歌に詠まれた「街角の風景」を集めた本だ。さまざまな世代のさまざまな作者の歌に触れることができる。元々はウェブサイト上に毎日、一首と解説の形で連載されていたもので、「今日はどんな歌かな？」とか「私の誕生日は？」とか、ぱらっと本を開いて、日めくり式に楽しむこともできる。ちなみにこの原稿を書いている四月二十五日を見ると、こんな歌が出てくる。

定職のない人に部屋は貸せないと言われて鮮やかすぎる新緑　　松村正直

「定職のない人に部屋は貸せないねえ」と云われて不動産屋を出たとたん、目に飛び込んできた「新緑」。その鮮やかさが痛いように心に沁みる感覚、わかる気がする。さらに幾つか読んでみる。

二晩の看病を終えゆうぐれの吉野家が宇宙ステーションに見ゆ

廣西昌也（11月12日）

寝不足で疲れ切った帰り道、夕暮れに浮かぶ「吉野家」を見た時、その輝きがなんだか「宇宙ステーション」のように思えたという。体調や気分によって人間の知覚は変化するけど、この組み合わせには不思議なリアリティがある。

子を抱いて歩くこの道ぜったいに触れることないノブばかりある

江戸雪（4月6日）

道の両側には家々の扉が並んでいる。でも、その「ノブ」に自分の手が触れることは決してない。自分の扉はひとつだけ。そこへと続く「子を抱いて歩くこの道」だけが自分の道なのだ。さみしさと裏表の決意を秘めた歌。

ＵＦＪ、みずほ、あさひとへめぐりてゆく間のまるでたからもの　雪

佐藤弓生（2月3日）

何かの用事で銀行から銀行を回っていたのだろう。その途中で、ふわふわと「雪」が落ちてきた。慌ただしい銀行巡りのさなか、お金に換算できない「雪」こそが本当の

「たからもの」に思えた。日常の世界が逆転するような感覚が新鮮だ。

駅前は自自自自自自公公社民民主主主共恋人は来ない　大野道夫（7月6日）

〈私〉は「駅前」で「恋人」を待っている。「自自自自自自公公社民民主主主共」はずらっと並んだ選挙のポスターだろうか。退屈な時間の中で、ぼんやりと風景を目で追ってしまう感じがよく表されている。

石炭にあらず黒焦の人間なりうづとつみあげトラック過ぎぬ　正田篠枝（8月6日）

広島に原爆が投下された八日六日には、この歌が選ばれている。「石炭にあらず黒焦の人間なり」が衝撃的。解説によると作者は「昭和40年、原爆症にて死去」とのこと。

人びとと熊を見てゐる日陰なるガードの下に熊のにほひす　藤沢古実（4月27日）

「ガードの下」に「熊」？　と思うけど事実らしい。これは大正五年の水道橋駅の光景で、見世物興行の「熊」なのだ。しかし、水道橋のガード下に「熊」とは、現在からはとても想像ができない。こういうタイムスリップ感を味わうのも楽しみのひとつ。

〈非常口（EXIT）〉明るき場所に逃げてゆくひとのあたまと胴つながらず

島田幸典（11月8日）

「非常口」の標識ライトに描かれた緑色の「ひと」の姿をよく見ると、「あたま」と「胴」がわずかに切れている。「あたま」は玉のように浮いているのだ。それだけのことなんだけど、どこかで今を生きる我々自身の姿を感じさせるのが面白い。

いずれも短歌たちが都市の外側ではなくて中身を捉えた写真のように機能していると思う。僕たちはこんな場所で生きているんだなあ、と改めて教えられる。

# ごはんの友

久住昌之原作／谷口ジロー作画『孤独のグルメ 新装版』（扶桑社）

『孤独のグルメ』の新装版が出た。久しぶりに手にとってぱらぱら中身を見ると、たちまちお腹が減ってくる。相変わらず凄い威力だ。私はこれの旧版を「ごはんの友」として愛用していた。頁をめくりながら食卓に向かうと、脳みそが刺激されて、食に対するテンションが何割か増すのである。

このように純粋に食欲を刺激する本は案外珍しい。多くの料理本や料理漫画のテーマは「調理法」だったり、「料理人」だったり、「料理バトル」だったり、それはそれでいいんだけど、「ごはんの友」としては今ひとつなのだ。本書が食欲に訴えてくる理由を挙げてみよう。

・その1　絵のうまさ

作画担当の谷口ジローの絵が素晴らしい。ひとつひとつの食べ物がしっかり描かれている。当然のようで、これは大変なことだと思う。「白い御飯に乗せたいくらの醬油漬け」なんて、素人が考えても絵にするのが難しそうなものが、とてもおいしそうにみえるのだ。

・その2　食べ物のレベル

これは単に個人的な生活レベルの問題かもしれないが、漫画や小説の中にフランス料理の豪華なコースが出てきても、私の食欲はそれほど刺激されない。なんだかぴんとこないのだ。だが、本書に出てくる食べ物は、ぶた肉いためライス、廻転寿司、豆かん、シュウマイ、焼きまんじゅう、たこ焼き、焼き肉、江ノ島丼、ウインナー・カレー、おでん、ハヤシライス、コンビニ・フーズ、さぬきうどん、カツサンド等々。ほどよくジャンクというか、絶妙なところをついてくるのだ。

・その3　シチュエーションの限定

さらに全ての食べ物に対して、いつどこで食べるのかの限定が加わる。ただのシュウマイではなく、「東京発新幹線ひかり55号のシュウマイ」なのだ。他にも「神奈川県江ノ島の江ノ島丼」「東京都豊島区池袋のデパート屋上のさぬきうどん」「東京都渋谷区神宮球場のウインナー・カレー」という具合で、この駅弁感覚がわくわく度を高めてくれる。

・その4　表現力

おいしそうな食べ物たちの背後に流れる主人公の独白が生々しい。

「ああ、なんてことだ。食べ始めているのに、さらに腹がへっていくかのようだ」

「このおしんこは正解だった。漬かりぐあいもちょうど良い。ぶたづくしの中ですっごく爽やかな存在だ」

（おいしい餃子を前にして）「これでライスをやってないなんて……残酷すぎる」

書き写しているうちに、お腹が減ってきました。以前、小説家の川上弘美さんと対談をした時に、御飯を食べながら『孤独のグルメ』を読むといい、という話で盛り上がったんだけど、この新装版には作者たちと川上さんの鼎談も収録されています。

# 一推しの句集

佐藤文香『海藻標本』(ふらんす堂)

句集『海藻標本』に収録された作品は、作者の十代から二十三歳にかけてのもの。そんなに若い女性がこんな俳句をつくるとは、と思って舌を巻いた。単に優れているというだけなら驚かない。どんなジャンルでも早熟な才能は珍しくないからだ。だが、例えば少女漫画などの場合、作者がテニスをまったくやったことがないのにテニス漫画を連載し始めて、それが傑作になってしまうようなことがあるらしい。生身の作者が知っている、感じている以上のことを、ジャンルが表現させてしまうのだろう。本書の凄みにも、そんな形式の恩寵を思わせるところがある。

雪掻きののち文机をともにせり

これだけの言葉の中に、近代文学の傑作と響き合うような感覚が詰まっている。雪掻きのあとの火照った体を据えるには静かすぎる文机。外を埋め尽くす雪の明るさと暗さ。「ともにせり」の官能性。

くちなはは父の記憶を避けて進む

地を進む蛇の独特のリズムが、「父の記憶を避けて進む」と表現されている。という ことは「くちなは」は私自身なのか。禁忌の感覚にときめきを覚える。

鞦韆の裏を映せるにはたづみ

「鞦韆」はブランコ、「にはたづみ」は雨が降ってできる水溜まりや流れのこと。ブランコの「裏」なんて誰からも顧みられることのない部分だが、水溜まりは確かにそこを映している。世界には無限の細部があって、我々の意識はそれを把握しきれない。だが、こんな句を目にすることで世界はその奥行きを増す。

音いつぱいにして虫籠の軽さかな

「音いつぱいに／して虫籠の／軽さかな」の七七五、つまり初句が字余りなのだが、この頭でっかちなリズム自体が、冒頭の「音いつぱい」の賑やかさから「軽さかな」の意外性へと転じる句意を表現しているのだろう。他にも「朝顔や硯の陸の水びたし」「夏風邪や造花に水を注ぐことも」「広間より糸の出てゐる夏休」「七月の防空壕にさいころが」など秀作が目白押しだ。

# 「ふたご」の作り方

大竹昭子編著『この写真がすごい　2008』（朝日出版社）

著者が一年間に目にした写真の中で「すごい」と思ったものを集めた本、とのことである。カンガルーの寝顔、水中で微笑む美女、カラフルなカビが生えた（?）ボウリングの球、謎の双子……、どの頁から開いても、驚いたり笑ったり首を捻ったりして楽しむことができる。

だが、改めて考えてみると、写真って不思議なものだ。例えば、アイドルの写真集を買う人の多くは、写真がみたいんじゃなくてアイドルがみたいのだ。実際に彼らは写真という枠組みをほとんど意識することなく、その中で微笑むアイドルにうっとりしながら頁をめくっていくのだろう。

仮にこれがアイドル写真ではなくて美人画だったらどうか。鑑賞者は絵という枠組みを意識せずにはいられないと思う。絵のタッチによっては、そこに描かれた美人が実在しない可能性すら考えるかもしれない。だが、写真の中で微笑むアイドルの実在は決して疑われることがない。鑑賞者の側のこうした意識の違いは、写真という表現形式に特有の透明性に起因していると思う。

この特性によって、写真の凄さには複数のベクトルが生まれることになる。プロの写真家が「道端の犬」を特別に格好良く撮った写真が「すごい」ことの一方で、「本物の宇宙人が写っている写真」があったら、それを撮ったのが素人だろうが子供だろうが、やっぱり文句なく「すごい」のだ。

本書がユニークなのは、そのようにさまざまな写真の「すごい」たちを一切区別していないところである。結果的に、有名写真家の作品から素人のスナップ写真までがランダムに並ぶ作品集になった。

だから、読者は気楽にそれを眺めて、純粋に楽しめばいい。はずなのだが、実際に手に取ると、奇妙な緊張感を覚える自分に気づく。たぶん、作品だけを「純粋に楽しむ」のに慣れていないのだ。巻末には撮影者や出典などのデータも載っているのだが、先にそっちを見ると、なんとなくカンニングをしたような気持ちになる。そんな時、全ての写真の横に付された著者のコメントがヒントになってくれる。

これを見ればだれでも同じことを思うはずだ。「ふたご、かな?」と。だが、右側の子の額の毛の生え際を見れば、そうではないと気付くはず。ひとりの子供の顔を半分に分割して、同じ側、つまり右同士、左同士をつないだものだ。種明かしをすればなんでもないが、それでもこの写真を見るたびに、人格に関わる顔がブレて揺らいでいく危さと恍惚を同時に感じてしまう。自分でなくなるのは不安だが、だれかになれる可能性も含んでいるのだ。

へえ、と思って、もう一度その写真をじっと見てしまう。この「ふたご」が「ひとり」とはねえ。

# ぎりぎりの現実というエンタテインメント

ひさうちみちお『精G　母と子の絆』（青林工藝舎）

『精G　母と子の絆』は八十代の母と五十代の息子の絆を描いた介護漫画の傑作。『パースペクティブキッド』などの極度にスタイリッシュな作品をもつ作者が、介護というぎりぎりの現実をどんな風に表現するのか、興味があったのだが、本書には生々しい実体験として味わった者にしかわからない現実の奇妙さと怖さが精密に描かれていた。現実の濃度が高すぎてシュール、とでもいえばいいだろうか。例えば、こんな一節。

「母の股間を見てしまった時、精Gは意味もなく、もう自分は二度と若い女の裸を前にすることがないのではないかと思った」

唐突にみえて、この連想には不気味な説得力がある。精Gはこの呪縛を逃れるために、母が退院したら自分に御褒美をくれてやろう、と思う。

「若い女の体を自分に触らせてやろう」

御褒美というのは風俗のことだ。介護のテーマで、こんな心の動きまで書いてしまうのは、流石ひさうちみちお。

或いは、母の粗相を初めて発見するところ。

「翌朝、トイレに行くと便器の前の床に茶色い汚れが二、三カ所こびりついている。あわてて廊下も探してみるとやはり小さい汚れが、二、三カ所あった」

読んでいて、どきっとする。

「雑巾で汚れを拭きながら精Gはとうとう来るものが来たような気がした。これからこおゆう事が続くのかと思うと、気が滅入った」

読者は一緒に感情移入してしまう。だが、その次にこうくるのだ。

「ところがその後そおゆうことが続くわけではなくて」

この裏切られ方に現実を感じる。幽霊よ、もう出るなら出てくれ、と祈っていると、そこからは出ないのだ。ひと思いには楽になれない。

さらには次々に繰り出される母の妄想。それ自体もさることながら、妄想の中に稀に真実が混ざるというのがたまらなく恐ろしい。ひとつの生命体はスイッチを切るようにはこの世から消えてなくならない、ということを思い知らされる。ランダムでシュールな現実のひとつひとつに、精Gが混乱しながら対処する姿は優れたエンタテインメントになっている。

# シャープペンシル一本で創られた異世界

アイナール・トゥルコウスキィ『まっくら、奇妙にしずか』
鈴木仁子訳（河出書房新社）

静かなものが読みたくなることがある。賑やかな、楽しい、明るい、ハイテンションな世界がなんだかしんどく思えて、そこからちょっと遠ざかりたい。今日はひとりで濃い珈琲でも飲みながら、しーんとした世界をゆっくり味わいたいんだ。

そんな気分が指先に宿って、偶然、本屋で手に取ったのが『まっくら、奇妙にしずか』である。本の帯（裏表紙側）には、こんな言葉が記されていた。

使われたのは、たった1本のシャープペンシル。
3年間を要し、400本の芯を消費して制作された、独特の世界。

うーん、と思う。これが小説なら、いまどき手書きは珍しい、という程度だが、本書は絵本なのだ。シャープペンシル一本で作られた絵本、って想像できない。鉛筆じゃなくて、シャープペンシルってところに何か、危険なテンションを感じる。芯の本数を数えてるところにも。

しかも、作者にとって初めてのこの作品が「ブラティスラヴァ世界絵本原画展2007年グランプリ」「レーゼペーター賞」「トロイスドルフ絵本賞2席」を、それぞれ受賞とのこと。興味を惹かれて、レジにもっていった。

『まっくら、奇妙にしずか』というタイトルの通り、モノクロの静かすぎる絵の世界に引き込まれる。ストーリーがまた、実にへんてこなものだ。例えば、冒頭の一行は「9月のこと、ひとりの男が島の砂州に船を寄せて、いかりをおろした」。ところが、二行目が「いや、10月のことだったかもしれない。島ではなくて、海に突きだしている岬だったかもしれない」なのだ。一行目の内容を二行目がいきなり、覆してしまっている。なんて、不安な世界なんだろう。今日の気分にぴったりだ、と嬉しくなって読み進む。これを本当にシャープペンシルで描いたのか、いったいどうやって、と思うような精密で美しい絵が、その不安をゆっくりと味わえるものとして画面に定着させている。

描かれている妙に機械っぽいタッチのモノたちは、いずれも「望遠鏡じみた」「窓らしい」「ヒト的」「タイプライター風」という感じで、私たちが知っているものに似ているけど、でもどこかが決定的に違う。

例えば、外国のモノって、文房具でも郵便ポストでも地下鉄でも、日本のそれとは雰囲気が違っていて新鮮だけど、あれをさらに増幅した印象だ。七五パーセントはこの世界とかぶるけど、二五パーセントくらい異次元という、そのズレの感覚が楽しくて、ひとつひとつをじっとみつめてしまう。

そして、ラストシーン。とても静かで、とても怖い終わり方をする。賑やかな、楽しい、明るい、ハイテンションなヒトの世界が、明日崩壊するような、予言的なヴィジョンを与えてくれるのだ。

# 隙間から零れ落ちた「何か」

今日マチ子『センネン画報』（太田出版）

人生におけるイベントというものがある。就職とか結婚とか出産とか海外に住むとか。それらに関しては、はっきりとした形で何らかの痕跡が残ることが多い。仕事の実績とか金婚式とか子供の成人とか海外の友人とか、まあいろいろだ。

そうした痕跡と痕跡の隙間をさらに補完するように、写真やビデオや音楽や一緒に参加した人々の記憶がある。旅行のアルバム、子供の成長ビデオ、思い出の曲、親族間の伝説、同窓会で語り合う昔話……。

では、それで人生の全てがフォローできるものなのだろうか。そうではない、と思う。私たちの生はイベントとは呼べない小さな日常の連続であり、そこには写真にもビデオにも捉えることができず、共有の記憶からも洩（も）れてしまうような「何か」が、大量に充（み）ちているんじゃないか。

・風で飛びそうな紙の上に慌ててコップを置いたら、その跡が「輪」になってしまって、あれっと思う。窓からはカーテンを膨らませて風が入ってくる。

・雨上がりの校庭で鉄棒の水滴に触れてみる。
・ウエストを人に計って貰う時は普通に計られる。でも、自分で計る時はちょっとだけきゅっと締めるようにする。
・好きな人のマフラーの巻き方を真似してみる。

いずれもひとりひとりの細胞のどこかに眠るように存在している「何か」だと思う。写真にも共有の思い出にも残すことができなくて、いつかその人が死んだら、空に溶けて消えてしまうような「何か」。

でも、本当はこれらの感触こそが「生きてる」の主成分なんじゃないか。それがささやかであればあるほど貴重、という逆説がここにはある。

『センネン画報』は、これらの貴重な断片を集めた宝箱のような本である。一頁に数コマの漫画とその上に散らされた数語の言葉によって、他の方法では捉えることの困難な「何か」が鮮やかに表現されている。コップの「輪」や鉄棒の水滴やウエスト計測やマフラーの巻き方は、そこからのランダムな抜粋だ。勿論、現物の漫画はずっと素晴らしい。

前述の逆説によって、その「何か」がささやかであればあるほど、「ああ、これっ、知ってる。これが、こんなところに」という強烈な快感に襲われる。帯文には小説家の森見登美彦氏が「こんなにどきどきするのはなにゆえか！」という言葉を寄せているが、たぶん、そういうことなんだろう。

・「海から36㎞」の標識を見て、へえ、海から36㎞か、と思う。

・その時の風、空の色、遠くで響いている音、ポケットの小銭、解けかけた靴紐……

# 俺はあの時、純粋だった

瓜田純士『ドブネズミのバラード』（太田出版）

私は子供の頃から内向的で、本を読むのがいちばんの楽しみだった。中学校くらいまではクラスに色々な種類の子供がいたけど、高校、大学と進むにつれて、大きく見れば自分と似たタイプが周囲に増えていったように思う。そして、大人になった今はものを書いて暮らしているので、普段つきあう友人や編集者もいわゆる文系タイプがほとんどだ。

そんな私はお酒も飲めないし、煙草（たばこ）も吸えない。趣味は散歩とカフェに入ることと外国の古い絵本や絵葉書を集めること。バイクに乗ったこともなければ、株を買ったこともない。喧嘩（けんか）をして誰かを殴ったこともない。

そのためだろうか、自分とかけ離れた人の生い立ちや生活に、関心と憧れをもつことがある。理系の研究者とかサラ金の人とか職人とかワンマン社長とかヤクザとか……。

歌舞伎町の花屋の子に生まれ、父親は伝説の暴走族ブラックエンペラーの創始者。幼い頃からヤクザに肩車をされて育ち、四歳の時に金属バットの喧嘩で学んでしまった、「喧嘩に勝てば金が入る」。

『ドブネズミのバラード』の冒頭に記された著者瓜田純士のプロフィールである。興味をもって一気に読んでしまった。暴力の匂いに充ちた生活のディテールもさることながら、それ以上の迫力で描かれた恋愛についての記述に引き込まれる。


教会ならどこでもよかった。

教会に行けばふたりは離れないと信じていた。

とにかく教会に行くものだと決めつけていた。


百人町に差し掛かったあたりで携帯のリダイヤルにかけた。

「●●●●●教会です」

「どこにあんだよ？」

「今どちらですか？」

「言われたところまでタクシーで来てんだよタコ」

「近くに何が見えます？」

アケミの手だよ……。


「アケミの手」におおっと思う。

新宿南口のレストランにアケミと入った。
「明るいに美しい」でアケミ。
「純粋な武士」でジュンシ。
アケミは明るくなかった。
俺はあの時、純粋だった。
地獄から戻ったばかりだったから。

突然、名前の話になるところがいい。テンションの高さが生み出す意外性に胸をうたれる。切れば血の出る詩にみえるのだ。

# ミルクティは天国の飲物

谷甲州『ジャンキー・ジャンクション』（ハヤカワ文庫ＪＡ）

山岳小説を読むのが好きだ。日常生活では決して得られないさまざまな感覚を味わうことができるからである。

例えば、毎日、何通ものメールを書いては送信していると、それはどんどん機械的な作業になってゆく。その一通一通が自分の生と死に繋がっている、という実感をもつことはほとんど不可能だ。

メールどころか実際に生命を直接支えているはずの食事ですら、どこかぼんやりとした軽い行為に成り下がってしまう。

だが、山という極限状況においては全てが違ってくる。小さな行為のひとつひとつが生と死に直結することで、本来の意味を回復する。小説の側から見ると、その実感が圧倒的な細部の輝きを生み出すのだ。

ヒマラヤの登山を描いた『ジャンキー・ジャンクション』の中には、次のような描写がある。

俺は熱いカップを両手で包みこむようにして、たっぷり入ったミルクティーに息を吹きかけた。唇を火傷しそうなほど熱かったが、それでも天国の飲物のようにうまかった。喉の奥から胸、そして腹に熱い塊が落ちていくのがわかる。俺はようやく生きていることを実感した。

思わず、うっとりする。一杯の「ミルクティー」が「天国の飲物」になるなんて。このような実感は、生の直接性から隔てられた我々にとっては麻薬的なものに思える。本来、私たちの生はそのようなものなのだろう。ただ、社会システムによって、そこから遠く隔てられてしまっている。死を遠ざけるためのシステムが、同時に生を遠ざけているのだ。

体は町にいても、心は山や海や戦場にいるような熱い感覚の中で生きたい。そんな無意識の欲求が、我々の日常には必要ないほどにタフで高機能な時計やバッグやライターを選ばせたりすることもある。

肉体や食べ物や道具に関する細部のリアリティから、幻想と狂気にまで踏み込んだ『ジャンキー・ジャンクション』は、生の実感を浴びたい読者を充分に満足させてくれる作品だ。

# 読者に感動を許さぬ登場人物たち

松尾スズキ『老人賭博』（文藝春秋）

感動モノが嫌だ。本でも映画でも、感動モノじゃないだろうな、とまず疑いの目を向ける。感動が嫌いなのか、というとそうではない。むしろその逆だ。でも、感動モノで感動するのは嫌なのだ。私の感動水準はそんなに高くない。巧みにツボを押されれば、あっさり感動してしまうだろう。だからこそ感動モノに警戒心をもつ。

感動モノで感動した後、本を閉じたり映画館を出たりすると、そこにはいつもの自分の日常がある。ぼんやりしてぬるくて曖昧で妙に白っぽい世界。ついさっき自分のなかに生まれた感動と「ここ」の関係がよくわからない。感動の「味」が強すぎて現実世界はさらに白っぽくなった気がする。あの感動は一体なんだったんだろう。

『老人賭博』を読みながら、不思議な気持ちになった。作者が感動のツボを避けまくっているのだ。感動モノの多くは「大切な人の命」のような絶対的な切り札を使って読者や観客の心を追いつめてゆく。だが、この作者は切り札をどんどん捨ててしまうのだ。「心の触れ合い」「仕事への思い」「人生の一発逆転」……、本来はさまざまな感動要素が含まれた物語なのに、登場人物が目先の欲望に負けたりおかしな見栄を張ったり小さな裏切りを働いたりすることで、読者に感動を許さない。

彼らの発言はこうだ。

「俺にとっての1万3千円はな、普通の人間にとっての2万5千円くらいなんだ多分」

「……あとなあ、俺はヤマザキだ。ヤマサキじゃない！　別に間違ってもいいけど、だったらときどきヤマザキって言うな！」

思わず笑ってしまう。感動からあまりにも遠すぎて逆に感動する。

感動モノが「大切な人の命」的な切り札で読者を物語の内部に追い込むのとは逆に、本書はこのような反「感動」によって、読者を物語の外に追い出してしまう。そこには広大で意味不明な私たちの現実が広がっているのだ。よくわからないけど、「ここ」でもがいてみようと思う。

# 異様な個性も失敗も許す柔らかさ

団鬼六『悦楽王』（講談社）

ＳＭ小説の第一人者による自伝的長編である。七〇年代に「ＳＭキング」誌を自ら立ち上げて廃刊となるまでの出来事が中心になっている。エログロの過激な世界をイメージして読み始めたのだが、どうも様子が違う。

入社試験は社長の前でのセックスとか、編集経験のない若者を集めて編集長と副編集長に女性を任命とか、ライバル誌の編集長による「敵に塩を送る」にも程がある研修とか、幽霊との同居とか。あまりの規範のなさというか、何でもありな世界には確かに驚かされる。が、全体にどこか素朴で優しい。全てが許されるような印象があるのだ。

不思議なユートピア感の発生源はどうやら社長である「私」自身らしい。例えば、後にコメディアンになるたこ八郎が声優の面接に来た時の対応はこうだ。

試しにテストしてみると（略）、一行の科白も駄目で、オリジナルドラマじゃないんだからちょい役をつけ加える事も出来ず、「マンガ『恐妻天国』に怪獣（かいじゅう）が出てくるんだが、怪獣のうめき声でよかったら」

同様に、これらの歌においても、「火祭りの輪を抜けきたる青年」の表情が「死顔」、また「跳躍の青年」の肉体が「血ぬられて」と、それぞれ表現されている。若さの極点であるはずの青春に死の幻影をみる感覚、その逆説的な普遍性が鮮やかに作品化されている。

確かに、万人の生の結果だけをみればそれは死に他ならない。死なない者はいない。我々はそのことを知っている。ゆえに普通は死を怖れ、できる限り遠ざけようとする。死の本体だけでなく、それに繋(つな)がる老いや病やウイルスや排泄物などに対しても、抵抗、除去、隠蔽(いんぺい)を試みる。だがその一方で、抗菌グッズに取り囲まれた我々は、死を遠ざけることが生から輝きを奪う、という理(ことわり)に薄々気づいてもいる。しかし、コインの裏表のような死／生を分離する方法がわからない。かくして、我々は死の匂いから懸命に顔を背けながら、ぼんやりとなまぬるい生を生き続けることになる。

若き春日井建の歌は、このような生の直中(ただなか)に降り注ぐ死の流星群を思わせる。圧倒的な熱と光を浴びて、世界はもう一度輝きを取り戻す。健康や安全や幸福を超えた生そのものの価値、その眩(まぶ)しさを束(つか)の間(ま)私たちにみせてくれるのだ。名前の「建」を「健」と誤記されることの多かった作者が、自己紹介の折などに「人でなしの『建』です」と冗談めかして名乗っていたことをふと思い出す。

だが、そんな彼を現実の大きな病が襲う。本歌集の終盤は、中咽頭癌(ちゅういんとうがん)が発見されて後の作品集である。

予報士は雪と報じぬ中空は何ごともなくただ冴えかへる

かつてそこに「大空の斬首」をみた空が、今は「何ごともなくただ冴えかへる」。だが、この緊迫感はどうだ。未来を告げる「予報士」には医師が、天空の異変としての「雪」には宣告された病が、それぞれ投影されているように思える。反転した世界のなかでも、やはり作者の詩魂は死と共にあったのだろう。

# 永遠の青春の幻

ジェフリー・ユージェニデス『ヘビトンボの季節に自殺した五人姉妹』
佐々田雅子訳（ハヤカワepi文庫）

原題は「The Virgin Suicides」、転じて『ヘビトンボの季節に自殺した五人姉妹』とは非常に刺激的な邦題だ。まさにその通りの内容なのだが、しかし、実際に読んでみると、刺激的というよりはたまらなく切ない気持ちになる。

頁（ページ）をめくるごとに自分自身の遠い過去が甦（よみがえ）るのだ。思春期に、同世代の女の子のことはわからなかった。その心に近づくこともできなかった。物理的には同じ教室にいて、同じ授業を受けていたにも拘（かか）わらず、彼女たちは遥（はる）かな存在だった。

やがて年をとって、女性たちとの現実の関係性が生まれるのだが、それによって、あの制服の時代の彼女たちが手の届かない存在だった、という感覚が薄れることはない。

霧雨の煙る中、姉妹が中庭に立って、一つのドーナッツをかじりながら、次第に濡れていくのもいとわず、じっと空を見上げている光景をぼくらは目にしたことがある。

本書にはその切なさをどこまでも増幅して、さらに決定づけてしまうような作用がある。何故なら、「ぼくら」の憧れの「五人姉妹」が生きた時間は青春だけで、その後の人生がなかったからだ。

現実の「ぼくら」も「彼女たち」も、少しずつ年をとりながら生きている。でも、その胸の中には永遠の青春の幻を抱えているのだ。

チャンネル7のワンダ・ブラウンは、ビキニ姿のラックスの写真をどこかから発掘してきた。地区のプールで、椅子から手を伸ばした監視員に、ちょこんとした鼻に亜鉛華軟膏を塗ってもらっている写真だった。

# 昔の本から新しい「今」を切り開く

黒岩比佐子『古書の森 逍遥　明治・大正・昭和の愛しき雑書たち』（工作舎）

色々な雑誌の最新号を読む度に面白く思う半面、微妙に不安な気持ちになる。それによって、自分が「今」から遅れている事実を確認させられるからだ。しかも、そんな風に外から一方的に教えられている限り、最新号を読み続けても、永遠に「今」には追いつけないことになる。

本書は著者が古書展に通い詰めて、主に明治や大正期の雑誌や実用書を買いまくった記録である。数百円で買ったものが多いとのことだが、興味深い記事が数多く紹介されている。

明治期に無銭絶食旅行が流行（はや）っていたとか、関東大震災後に上野公園の西郷さんの像には行方不明者を求めるビラが無数に貼（は）られたとか、新聞各社では一九六〇年代まで伝書鳩（でんしょばと）を使って写真を運んでいたとか。

また『家庭辞書』の「接吻（せっぷん）」の心得についての頁（ページ）が、前の所有者の手で折られていたというのも古書ならではの逸話だ。

前述のように、雑誌の最新号をみると自分の遅れを意識するし、ちょっと古い号をみると逆にこちらのほうが進んでいるように感じる。では、明治や大正の記事をみると、圧倒的に自分が進んでいるように思うかというと、必ずしもそうはならないところが不思議だ。

例えば「近頃欧羅巴（ヨーロッパ）では、手の爪に写真を撮影（うつ）すことが発明され、それが米国までも伝はつて昨今非常に流行して居るそうです」って、一体どういう技術なんだろう。昔というよりも未来の出来事のようだ。

この他にも新旧の単純な比較を絶する記事が多くみられる。もしかすると、私が感じていた「今」とは、現在を中心にせいぜい前後数年単位の幻のようなものだったのかもしれない。

著者は大昔の雑誌を買いまくり読みまくることを通じて、独自の関心領域（伝書鳩、村井弦斎、お嬢さまなど）を見出している。さらに、それらをテーマにした本を書くことで、世界に新しい「今」を切り開いているのだ。

読者である私はそのプロセスを味わうことで、本当の「今」とは外からの情報として到来するのではなく、自分自身の裡（うち）に生まれることを教えられた。

# 薬としての読書

馳星周『長恨歌　不夜城完結編』（角川文庫）

なんだかだるくて動きたくない、ということがある。どこにも行きたくないし、誰にも会いたくないし、何にもしたくない。というか、私はほとんど常にそういう体感なのだ。これではいけない、と思っても、どうしていいかわからない。寝っ転がった長椅子から落ちた片足を持ち上げるのもだるいので、そのまんまだ。

嗚呼、元気が出る薬を飲みたい。でも、覚醒剤とかは困る。そんな時、薬の代わりに本を読む。お世話になっているのはかつての大藪春彦、今なら馳星周だ。細部の欲望描写を嘗めるように味わう。例えば、『長恨歌』のこんな場面。

噎せることも咳き込むこともなかった。ニコチンの多さに衝撃を受けはしたが、それ以上に煙の香り、味に衝撃を受けた。甘みの勝った煙は香ばしくスムーズで、おれの葉巻に対するイメージとは正反対のものだった。

「台湾でもなかなか手に入らない一品です。わたしは事業以外には趣味らしい趣味はないんですが、お茶だけは別です。近所にレンタルルームを借りて、台湾から取り寄せた茶を大量に保管しているほどです。愚かだとは思うんですが、やめられません」

いずれもストーリーの本筋とは関係のないディテールである。でも、私にとっては重要なポイントなのだ。「葉巻」や「お茶」そのものが問題というわけではない。ただ煙草(たばこ)の火を貰(もら)うように他人から欲望の火を貰って自分のものにする。欲望にはそういう性質があるような気がする。それによって、眠りかけた自分の生命力をなんとか目覚めさせたいのだ。ううう。起き上がって、私にとっての「葉巻」や「お茶」に当たるものに触りに行こう。

# 「ありえない」の塊のような女の子

今村夏子『こちらあみ子』（筑摩書房）

主人公のあみ子には前歯が三本ない。ありえない、と思う。だって、二十一世紀の日本女性は脱毛処理が不完全なだけでNGなんでしょう。あみ子は十年近く片思いをしている相手の苗字を知らなかった。ありえない。私は一度も会ったことのない芸能人の飼い犬の名前を知っている。

あみ子は「ありえない」の塊だ。金魚の墓の隣に弟の墓を作ってしまう突き抜け感に「長くつ下のピッピ」を連想する。でも、あれは童話でピッピには世界一の怪力という武器があった。あみ子には何もない。生身のただの女の子だ。皆と同じように生きられない魂が、皆と同じ生身で生きようとする時、世界は地獄に変わるんじゃないか。

案の定、あみ子はまともに生きていけない。仲間はずれ、いじめ、家族からの隔離。でも、本人にはその状況さえよくわかっていないらしい。

だが、読み進むにつれて奇妙なことが起こる。そんなあみ子に憧れ始めている自分に気づくのだ。馬鹿な。ありえない。

現代社会で「ありえる」ために、私は様々なものに意識を合わせようとする。場の空気とか効率とか「イケてる」とか。その作業は大変だけど、そうしないと生きていけないと思うから、できるだけズレないようにがんばり続ける。

記念日を忘れないようにして、シャツの裾をちゃんと出して、飲み会の席順の心配をして……、ふと不安になる。この作業で一生が終わってしまうんじゃないか。何か、おかしい。大事なことが思い出せそうで思い出せない。ただ、「ありえない」の塊のようなあみ子をみていると勇気が湧いてくる。逸脱せよ、という幻の声がきこえる。

でも、こわい。あみ子はこわくないのだろうか。だって世界からひとりだけ島流しなのに。

物語がさらに進んで、あみ子がぼろぼろになればなるほど、何かが生き生きとしてくるのを感じる。「こちらあみ子」という呼び掛けに応えて、年齢や性別を超越した異形の友人たちの姿が見え隠れする。前歯のないあみ子を中心に、新しい世界が生まれようとしている。

# 大人にはない固まりかけの言葉

西加奈子『円卓』（文藝春秋）

　主人公は小学三年生のこっこだ。口癖は「うるさいぼけ」。糞生意気（くそなまいき）な彼女の目を通して、私は懐かしいものに出会ってしまった。ほにゃららやほにゅれれやほにょろである。いずれも仮名。要するに、大人の世界の名づけによって正体が固まる前の様々なものたちのことだ。大昔、子供だった私もまたこれらと親しかったのだが、いつの間にかすっかり忘れていた。

　こっこの中のほにゃららが少しだけ固まりかけると、こんな言葉になる。「プリンのうえのとこ」。ふふふ、子供って馬鹿だなあ。あれは「カラメル」って云（い）うんだよ。それが大人の世界で固まった名前だ。いちいち「プリンのうえのとこ」なんて云ってたら面倒で仕方ない。

　それから、ほにゅれれがちょっとだけ固まると「あいこがつづく時間」。あるある、そういうこと。あいこが妙に続いて何だかくすぐったくなる。でも、それが完全に固まった時の名前は特になし。じゃんけんは勝負を決めるためにあるんだから、「あいこがつづく時間」なんて大人の世界では無駄なんだ。わざわざ名前をつけたって仕方ない。

こっこは自分の中で固まりかけの言葉たちを大事に「じゆうちょう」に書きためている。そんな或る日、彼女はとうとうほにょろろと出会った。胸にはSのアップリケ。長袖つなぎ姿のそいつは云った。「ご尊顔を踏んでくれはるのん」。凄い。なんかわからんけど凄い。詩人か、いや、ロックスターだろうか。こっこは、その言葉に魅入られたように、桃色の「ご尊顔」に小さな足を乗せてしまう。

だが、大人たちの言葉によってきちんと固まったほにょろろの正体は、詩人でもロックスターでもなく、「変質者」だった。うわっ。でもまあ大事に至らずに良かった、と私は思ったが、こっこの足は震えていた。そして叫んだ。「ああああ！」。そうか。そうだよな。何だか胸が熱くなる。こっこ、馬鹿だなあ。

# 神様の囁き声を捉える感性

ふと「死ね」と聞こえたようで聞きかえすおやすみなさいの電話の中に

雪舟えま『たんぽるぽる』（短歌研究社）

こんな短歌に、どきっとする。「死ね」はきっと錯覚だろう。聞き返しても、戻ってくるのは優しい言葉だけ。でも、何となくそれでは済まない気がする。もしかしたら、作中の〈私〉は未来の声を聞いてしまったんじゃないか。或いは、パラレルワールドで発された声を。この世界で今、どんなに優しい恋人がいても、未来やパラレルワールドにおいては判らない。

あけび色のトレーナー着て行かないで事故に遭うひとみたいにみえる

再び、どきっ。その服装は確かにどこか不吉。だが、云われなければまず気づかない。神様の囁き声を捉えるような感度の高さだと思う。

この短歌集の〈私〉は「死」に敏感過ぎるだろうか。否。何故なら、私たちは皆、次の一瞬に死ぬ可能性を秘めているから。どんなに若くても健康でも、神様に「じゃ、次は君」と指名されたらそれまでだ。パラレルワールドのひとつでは多分そうなっている。

でも、そんなことを考えていたら日常生活を送れない。だから自らを取り囲む死の予感を隠して遠ざけることで、我々は何とか日々を送っている。

ところが、〈私〉は違う。優しい「おやすみなさい」しか聞こえない者たちに混ざって、ひとりだけ同時に「死ね」を聞いてしまうのだ。

だから、その心は燃え上がる。自分と大切な人々と世界を命懸けで守ろうとする。その姿は愛の戦士のようだ。

薄っぺらいビルの中にも人がいる　いるんだわ　しっかりしなければ
全身を濡れてきたひとハンカチで拭いた時間はわたしのものだ
きみ眠るそのめずらしさに泣きそうな普通に鳥が鳴く朝のこと
かたつむりって炎なんだね春雷があたしを指名するから行くね

# リアルタイムの痛み

シオドア・スタージョン「雷と薔薇」白石朗訳／大森望編『不思議のひと触れ』（河出書房新社）

加齢とともに生理的な変化が起きる。だが、それ以外に、人間の感覚や価値観は具体的な体験によっても変わる、と思う。

そのために、大きな体験をくぐった者は、程度の差はあっても以前の自分とは別人になってしまう。二〇一一年三月十一日以降の日本人はそのことを思い知らされたのではないだろうか。

例えば、なんの罪もないはずのサザンオールスターズの「ＴＳＵＮＡＭＩ」を、以前と同じ気持ちで聴くだけのことが難しい。これは純粋に受け手側の問題なのだが、全ての表現は、その影響から自由になることができない。

ちなみに自由の女神は、最初に攻撃された揚所のひとつだ。あの美しい青銅の像は一瞬にして蒸発して放射能を帯び、いまもまだ気まぐれな風に運ばれて、地球上に広がりつづけている——

引用はシオドア・スタージョンの「雷と薔薇」の一節であるが、先日読み返した時、以前とは印象が一変していて驚いた。

本作は六十年以上も前に書かれた作品で、舞台は核戦争後のアメリカである。かねて愛読の一編で、予見的でありつつ、どこかノスタルジックな雰囲気を備えた傑作、という印象をもっていた。だが、今読み返すと、ひどく身に迫るものを感じる。

云うまでもなく、それは「放射能」が「いまもまだ気まぐれな風に運ばれて、地球上に広がりつづけている――」が、リアルタイムの痛みを伴って読めるからだ。

作中、人類に対する自らの使命を果たして、今や死に瀕している女性が、「以前の世界」への愛を語る（それもうわごとで）言葉は、次のようなものだ。

「ちょっといっておきたいことがあるの。先に帰らせて。そうしたら、あなたにごちそうを用意しておくから。最高の食事にしてあげる。特製のトスサラダをこしらえるわ。それから、湯気が立ってるチョコレートプディングもつくって、ずっと温めておく」

幸福な夢。胸が締めつけられる。私は「トスサラダ」なんて食べたこともないのに。先に帰るどころか、実際には最後まで踏みとどまって未来のために戦った彼女。その夢に応えるように、主人公もまた自らの厳しい使命を果たすことになる。

「これで、きみたちにはチャンスができたぞ」遠い未来にむかって、そう語りかける。「頼むから、うまくやってくれ」

そのあとは、もう待つしかなかった。

「きみたちには」の「には」が悲しい。未来の人類に呼びかけるラストシーンが、かつてない切実さで心に染みる。

# 巨大ロボットの私を操縦する小さな私

フジモトマサル『終電車ならとっくに行ってしまった』（新潮社）

フジモトマサルの画文集である。まずタイトルに惹かれた。「終電車ならとっくに行ってしまった」とは、日常生活においては決して望ましい状況ではない。それなのに、こう云われると、なんだか自由な気持ちになる。とっくに行ってしまったのか。じゃあ、じたばたしても仕方ない。月を見ながら線路沿いにふらふら歩いてゆこう。あれ、こんなところに森がある。ちょっと入ってみようか。あれ、こんなところに穴がある。ちょっと覗いてみようか。あれ、こんなところに光る石がある。ちょっと撫でてみようか。そして、いつしか辺りは完全な別世界に。

本書の中には、ちょっとしたきっかけで開くもうひとつの世界への扉が無数に存在している。例えば、人間が乗り込んで操縦する巨大ロボットについてのエッセイ。そこには「ロボットと操縦者の関係は、肉体と精神の関係を思わせる」という記述がある。鋭い指摘だ。「私はもういい大人だが、時おり、こういった巨大ロボットものの主人公のように自分を操縦するはめになることがある。その症状とはもう長いつき合いになる。『巨人感覚』は、なんの前触れもなくやってくる」。なるほど。

しかし、それだけでは終わらない。次に同じテーマで漫画が描かれているのだ。「大きな私」の脳の位置に座って操縦する「小さな私」。これを実際に絵でみせられると、うわーっと思う。世界のスケール感が変化してくらくらする。「あるときまで俺は自分を操縦していたが、気がつけば自分自身から脱出していた」。「大きな私」の後頭部がぱかっと開いて、そこから飛び出して逃げてゆく「小さな私」。そして、操縦者を失った「大きな私」は今もどこかを彷徨(さまよ)っているという……。

はっ、と気がつくと、あたりはいつもの景色に戻っている。私は「いつもの私」だ。ぎりぎり間に合って飛び乗った終電車の中でこの本を読んでいただけ。でも、なんだか変なのだ。世界の感触がいつもと違っている。試しに、自分の手をぐーぱーぐーぱーしてみる。えーと、これは、誰が操縦している?

# 平凡な世界で「特別」を感じる

川上未映子『すべて真夜中の恋人たち』（講談社）

恋愛小説である。いや、恋愛未満小説かもしれない。地味な主人公と地味な相手。事件らしい事件は起こらない。だが、その平凡さの中に特別な何かを感じる。

わたしはひどく落ちこみ、何かをやってしまったことによる後悔よりも、しなかった後悔のほうが応えるというよく耳にする話はほんとうじゃないんじゃないかと、そんなことをぼんやり思ったりした。

ここには、「わたし」だけが他人と違う、という感覚が描かれている。

今まで数えきれないくらいこうやってコーヒーや紅茶を飲んできたのに、いただきますと言ったのはそれがはじめてだった。

ここには、「今回」だけがいつもと違う、という感覚が描かれている。

或る出来事において、「わたし」が他のどの人とも違っていて、「今回」が他のどの回とも違うのは、本来は当然のことだ。だが、我々はそんな風に思うことが難しい世界に生きている。

テレビや雑誌の中には、貴方は貴方なんだから胸を張っていいんだよ、というメッセージが溢れている。だが、何故かそう繰り返されるほどに私は苛立って不安になる。

主人公である三十四歳の「わたし」に恋愛やセックスの経験がほとんどないことは変でも惨めでもない、と心から思うにはどうすればいいのか。「今回」に限って人を好きになってしまったことは変でも恥ずかしくもない、と心から思うにはどうすればいいのか。

本書の魅力は、この点に関する稀にみるほどの本気さにある。静かな物語の一行一行に、「わたし」だけの、「今回」だけの、希望と絶望を肯定する声が充ちている。誕生日の真夜中にたったひとりで街を歩くこと。片思いの相手を呼び止めて「光をみるのがすきで」と意味不明な言葉を口走ってしまうこと。その全てが掛け替えのない「わたし」の「今回」であることを胸の底から告げようとしている。

# 私を絶望させる言葉の使い手

酒井駒子『BとIとRとD』（白泉社）

私を絶望させる言葉の使い手がいる。自分の同業者である歌人のことではない。小説家や詩人や俳人のことでもない。

いや、勿論（もちろん）それらの人々に対して、尊敬や羨望（せんぼう）や嫉妬を感じることはある。その結果、絶望に近い感情を抱くことも。

だが、冒頭に記したものは、それとはまたちょっと意味合いが違うのだ。私を絶望させる言葉の使い手とは、例えば音楽家や画家の中にいる。

音楽や絵の専門家が同時に信じられないような言語感覚をもっていることがあって、それを見せつけられると、激しいショックを受ける。

だって、私は楽器なんて弾けないし、曲も作れない。絵だって描けない。

だが、彼らは本業の他にこちらの専門に近い領域で素晴らしい言葉を繰り出してくるのだ。音楽家の場合は、例えば歌詞という形で。画家の場合は、例えば絵本のテキストという形で。その力に純粋に圧倒されて絶望するのだが、それに加えて、もう少し現実的なニュアンスをともなう側面もある。それは彼らとのコラボレーションの可能性を閉ざされるという意味での絶望だ。

尊敬する音楽家に言葉の能力がなければ、歌詞を提供できるかもしれない。大好きな画家の絵と自分の言葉を組み合わせて一冊の絵本をつくれるかもしれない。実現の可能性は低くても、夢みることはできるのだ。

だが、彼らの言葉の才能によって、そんな虫のいい考えはどこかに吹っ飛ばされてしまう。

例えば、絵本作家の酒井駒子さん。私は彼女自身が文章を書いた絵本を見るたびに感動して、それから深く絶望する。なんて素晴らしい絵、そして文章なんだ。その組み合わせの完璧さを愛するほどに絶望は深くなる。

そんな作品のひとつである『BとIとRとD』を紹介してみたい。

「□(しかく)ちゃん」という小さな女の子がぬいぐるみたちを生徒にして学校ごっこをしている。そこへたまたま通りかかったお母さんが「おやまあ。カワイイ先生ねえ」と云(い)ったために、ふと我に返ってしまう、というシーンはこう描かれている。

そこには、あたり前のぬいぐるみがみっつ並んでいるだけでした。足先の縫い目の堅いのが、急に見えてきて、そのよそよそしさに□ちゃんは、ウォーと泣き出しました。

□ちゃんは泣いて…、ウォーと泣いて、お母さんを責めましたけど、□ちゃんのお友達はどこかへ行ってしまって、もう、どこにもいないのでした。

ごっこ遊びの魔法が解ける瞬間の生々しさ、特に「足先の縫い目の堅いのが、急に見えてきて」に、はっとさせられる。凄いなあ。

# イケてない女の悲しみ、炸裂

雨宮まみ『女子をこじらせて』（ポット出版）

本書に描かれているのはイケてない人間の生き辛さ、そして女の生き辛さ、つまり、イケてない女であることの生き辛さだ。珍しいテーマではないと思う。にも拘わらず、実際に読んでみると、新鮮な衝撃を受ける。

例えば、父親に「お前の下着は自分で洗え」と云われた時、高校生の「私」は心の中で叫ぶ。

お前の娘はな、お前はどう思ってるか知らんが、夜道に人気のない道路にほっぽりだしておいても、誰も襲わないようなそんな容姿の女なんだよ、そんな女が女らしいとか恥じらいとか関係あるか！　お前の娘の下着なんて、誰も盗まない、誰も価値を感じない、ブルセラショップでも絶対に売れない、そんなゴミみたいなもんなんだよ、それを自分で洗えとか何言ってんの？　こんなゴミみたいなもん、誰が洗おうがどうでもいいじゃん。洗濯機だし！

あまりに唐突な悲しみの炸裂に驚きながら、目が離せなくなる。「私」にも本当は父親の気持ちはよくわかっている。だが、それを受け入れる余裕がないのだ。

このような苦痛は「私」が女であることと深く関わっている。その意味では読者としての自分が完全に感情移入することは難しい。でも、不思議に惹きつけられる。

その語り口があまりに身も蓋もなく、捨て身の混乱に充ちているからだ。生きることの苦しみが、こんなにも生き生きと語られていることに感動する。

読み進むにつれて、「私」のぎりぎりの迷走が、その叫びが、結果的に男女の関係性から社会の在り方までを照らし出してゆく。地べたからライトアップするような光の中に、それらの姿が浮かび上がるとき、あれ？「これ」ってこんな風だっけ、僕が知ってる「あれ」とは全然ちがうじゃないか、とびっくりさせられる。新しい景色が見える。

# 「人」と「人の姿をした人でないもの」との愛の物語

市川春子『25時のバカンス　市川春子作品集II』（講談社）

本を開いて一頁目を読み出した瞬間に、あ、これ、好きだ、と感じることがある、ということを思い出した。久しぶりにその感覚を味わったのだ。

「学校でおばけっていわれた」
「私は好きだ」
「おれはやだよ、すぐ治るっていわれてもさ。救急車がもうちょっと早く来てればねって、せんせい、おばあちゃんと話してた。ってか、おねえちゃん、いくらゆーしゅーでもそんなへんなしゅみじゃ彼氏できないよ。そうだ、今おれ、めずらしいでしょ？　何点？」

物語はまだ始まったばかりで、やりとりの意味もわからない。にも拘わらず、その切なさが感受できてしまうのは何故なのだろう。

『25時のバカンス』では、表題作をはじめとして、収録作品の全てが同じテーマを扱っている。「人」と「人の姿をした人でないもの」との愛の物語だ。それが読者である私のツボというわけではない。特に意識したことはなかった。だが、表現に力がある場合、その渦巻きに否応なく巻き込まれることを改めて知らされる。それまで未開発だった性感帯（?）が目覚めるようなものだろうか。作者の意図はわからないが、偶然めいた必然の形で「人類の未来の希望」を描いてしまったようにもみえる。種（しゅ）としての「人」は単独では生き残れないのでは?

一頁目にあった切なさの予感が、読み進めるにつれて全貌を現す。それがこちらの予測を超えていて圧倒される。感覚の洪水に襲われて切な死にしそう。受け止めきれない分が心の器からどんどん零（こぼ）れてゆくのがわかる。しまった、と思う。もっと読む態勢と心構えとバイオリズムを整えてから挑むんだった。全てを受け止めるのには、いったい何回読めばいいんだろう。喜びと焦りが混ざったようなこの感覚を味わったのは、高野文子の「奥村さんのお茄子（なす）」以来のことだ。

# どこへおちるかわからないの

和田誠絵／星新一・谷川俊太郎・今江祥智ほか文
『和田誠　私家版絵本ボックス』（復刊ドットコム）

『和田誠　私家版絵本ボックス』を本屋の棚でみつけた時、電気が走った。こんな本が出ていたとは知らなかった。古本屋やネットオークションでごく稀にみかけるこの作者の「私家版絵本」の現物を、欲しいなあ、でも高いなあ、となかなか手が出せずにいたのだ。復刻版の詰め合わせである本書の定価は一万八千円。でも、収録された七冊で割ると一作当たり約二千六百円、決して高くはない。この七冊を当時の現物で揃えようとしたら数十万円払うことになる。おまけに何年かかるかわからない。うきうきとレジにもっていった。

本人のイラストレーションはさすがに瑞々しい。しかも、テキストの書き手が凄い。若かりし日の高橋睦郎、今江祥智、谷川俊太郎、星新一など。かと思えば、「広島市の保育園児たち」がリレーで書いた言葉に絵をつけた作品があったりする。その絵のタッチ同様、発想が自由なのだ。

おじさんがいねむりしてるあいだに、チーターが自分でそうじゅうしたら、飛行機がどんどんとんでいって、月の世界の方へいって、お星さまとしょうとつして、星がまっぷたつにわれた。

　飛行機はどんどんおちた。地球やなんか、ずうっととおいところにあるから、どこへおちるかわからないの。

（『すすめチーター』）


　これが保育園児のテキストだけど、「どんどんおちた」なんてまさに宇宙感覚。「どこへおちるかわからないの。」ってラストも衝撃的だ。また谷川俊太郎作の『しりとり』には「となりのみっちゃん」↓「Chance Operation」↓「しょんべん」なんて流れが登場する。「ん」「ん」「ん」の三連発。不死身のしりとりだ。

# 磨き直された言葉たち

平松洋子『なつかしいひと』（新潮社）

「縁側」「霜柱」「稽古」「水中花」「ほとびる」「Y字路」、本書の目次を眺めると、こんな文字が目に飛び込んでくる。昔はなじんでいたが、最近ではめっきり見かけることが少なくなった言葉たち。そこから懐かしい空気感が甦（よみがえ）ってくるようだ。

時計の針が夕刻六時四十五分をさすと、決まって耳に忍びこんでくる音色がある。近所の家で、だれかがバイオリンの稽古をはじめるのだ。

（「日暮れの稽古」）

普通は練習とかレッスンとかいうところだろう。この「稽古」という言葉の背後には、作者自身が四歳から十五歳まで習ったという昭和のピアノ体験が貼（は）りついていると思う。その頃の呼び方を自然に、いや、意識的に磨き直して使っているんじゃないか。

「猫の音」という不思議な題の文章もある。「猫の声」という言葉はその辺にいくらも転がっているが、「猫の音」はまず目にすることがない。実際に読んでみると、なるほど「猫の音」の話なのだ。ほかにも「予約」のことを「約束」というお店のエピソード

「猫の声」と「猫の音」、「予約」と「約束」、ちょっとした違いに見えるが、その微差によって我々が生きている世界の奥行きやきめ細かさが、意外なほど大きく変化するのを感じる。

読者としての私は平松さんの洗練された生活感覚に憧れて本を開くのだが、根本にあるのは身の周りの言葉を丁寧に磨く感覚なのかもしれない。

その証拠に、本の真似(まね)をして同じ店や場所に行ってみても、いつもどこかが何かが違っているように感じられる。物理的な次元で真似をするだけでは平松ワールドには入れないのだ。

そんな作者の言葉はもちろん繊細なだけではない。「足の爪はとつぜん伸びる」などという大胆な名言も飛び出す。本当だなあ。

# 十五年間ひと言も口をきかない男

春日武彦『緘黙　五百頭病院特命ファイル』（新潮文庫）

スーツ姿の人々が行き交う駅の構内を歩いていると、なんだか不安になってくる。みんなが頑張っている、そして、自分はその流れについていけないように思えるのだ。今にも落ち零(こぼ)れてしまいそうだ。そんな時、精神科医である春日武彦氏の本を読むと、ほっとする。世の中には突飛な言動をする人がこれほどたくさんいるのか、と思って。それなら僕も生きていけるかもしれない。春日氏は本職のほかに変わった事件の載った新聞記事を切り抜いてコレクションをしているらしい。人間の奇抜な言動についての専門家であり、その上マニアでもあるのだ。おかしな人だ。

本書はそんな著者による初の長編小説である。タイトルの「緘黙(カンモク)」とは聞き慣れない言葉だが、「心理学および精神医学用語。構音や発声の機構には障害がなく、また大脳・言語領域の損傷（失語）がないにもかかわらず、ひたすらに沈黙を守り続ける状態を指す。無言症ともいう」という意味らしい。具体的な内容は、十五年間ひと言も口をきかない男に対して、三人の精神科医がそれぞれの方法で挑む、というものだ。これだけでも興味をそそられる。

医者も含めて「普通」の登場人物が皆無という物語の中で、「緘黙」世界の謎解きが進められる。背景に鏤められているのは春画、食虫植物、腹話術、ホロスコープ、人間の顔（しかも爆笑している表情）そのままの形をした新種の軟体生物、実物の半分大のゼロ戦模型、連続殺人鬼の大脳のジグソーパズルなどなど。読み進むにつれて、家族や会社やお金や時間や愛情やライフワークやマイホームが大切という「普通」の価値観が揺さぶられるのがわかる。世界とはこんなにもなんでもありな場所だったのか、これでいいなら、これでいいなら、とどんどん心が自由になってゆく。嬉しい。危ない。

# 理想の淋しい場所

西崎憲『飛行士と東京の雨の森』(筑摩書房)

テレビをつけたら、廃道が好きだという女性が映っていた。ひとりで車を運転して今はもう使われていない道の痕跡を見に行くのだという。変わった趣味だ。

別の番組で、米粒に小さな文字を書く人を見たこともある。一粒の中にいろは四十八文字や昔の和歌が書けるらしかった。

また蟻(あり)の戦争を見るのが楽しみという男性もいた。フィルムのケースに入れた生の肉片をいつも持ち歩いていて、適当な場所でぽとりと落とす。すると、その肉をめぐって種類の異なる蟻たちが戦争を始める。それをじっと見ているのがたまらないということだった。

私は廃道にも米粒の文字にも蟻の戦争にも興味がない。にも拘(かか)わらず、それらが好きだと語る彼らから目が離せなかった。自分だけの奇妙な楽しみに確信を持っていることがうらやましいのだ。

飲み会やカラオケやゴルフなどは一般的な娯楽ということになってるらしいが、実のところ、それらも私にはよくわからない。参加したいと思わないのだ。といって、ひとりの楽しみも見つけられない。だから、マニアックな世界に浸る人々に憧れを覚えるのだろう。

そんな私は、他人には理解できないような変わった楽しみとそれに嵌(はま)ってゆく人間を描いた小説を読むのも好きだ。

例えば、西崎憲『飛行士と東京の雨の森』に収録されている短編「淋しい場所」。ここには文字通り「淋しい場所」を求める主人公の姿が描かれている。スコットランドの荒れた石の山の上の教会、川沿いの工場跡、乃木坂の廃屋、そんなものたちに彼は惹(ひ)かれる。

そして、とうとう或(あ)る日、「まるでいまの自分のために誰かが考案して創ったような風景」に出会う。

そこは東京であるようにも日本であるようにも見えなかった。これほど荒涼とした印象を与える場所が身近にあったことに、テツオはひじょうな驚きを覚えた。

その正体が「モノレールの窓から見た風景」というところが面白い。

モノレールの軌道はかなり高く、場所によってはビルの五階か六階ほどの高さにまで及ぶようだった。それもあって、車窓の風景は電車から見たものなどとはまったく違った様相を呈するのだった。

ここから主人公の行動は静かにエスカレートしてゆく。モノレールの窓から写真を撮る。空港のベンチで朝作った弁当を食べる。途中の駅で降りて歩いてみる。ついには車窓から発見した無人のマンションの中庭に侵入する。そこから逆に見たモノレールは「夜のなかを走る光の家のように見えた」という。なんて美しいんだろう。作者自身の欲望と丁寧な取材を感じさせる描写に惹きつけられる。

# 生きてることがホントに限界なヤツ

卯月妙子『人間仮免中』（イースト・プレス）

「生きてることがホントに限界なヤツだっているんだ!!」

こんな台詞(せりふ)が出てくる。大変なのはお前だけじゃない、誰だっていっぱいいっぱいで頑張ってるんだ、と云(い)い返せば、その通りなのかもしれない。でも、本書を読めば「生きてることがホントに限界なヤツ」がどういうものかわかる。現実という場所になんとか対応できている自分の想像を超えた世界があった。


「どどどどーしたのその腕!!　そのやつれっぷり!!!」

「うーん…ちょっぴり人を殺したくなっちゃって…」

「また⁈」

「うん、また」

「またか〜」

悪趣味なジョークに見える。だが、この直前に、主人公は電車の中で自分の手首にボールペンを突き立てて、何度も大きくスライドさせている。「殺せ」という幻聴に抗う（あらがう）ためだ。

現実と妄想の間には超えられないラインがある。だが、作者には向こう側からこちら側に「情報」を持ち込むことができるという稀有（けう）な能力がある。だから、読者は現実の側にいながら妄想の世界を生々しく追体験できる。欄外に記された「注：顔面投的なんてもんはこの世の中に存在しません」というフレーズに惹き（ひき）つけられる。「顔面投的」は妄想の世界の事物でありながら、単なるでたらめとは違う別世界のリアリティを強く宿している、と思う。

妄想と現実のせめぎ合いの中で、我々の日常においては意識に埋没しているぎりぎりの愛が可視化される。例えば、飼っていた亀が死んでしまうシーン。恋人とふたりでお墓をつくりながら、主人公が呟く（つぶやく）言葉に胸を打たれる。

「こんだけ深く掘れば猫のおもちゃにならないだろ…」

# まだ何も起きていないのに怖い

山崎聡子『手のひらの花火』（短歌研究社）

義兄とみる「イージーライダー」ちらちらと眠った姉の頰を照らせば

ただ家族と映画を見ているだけで、喜怒哀楽などの感情は一切書かれていない。或る種の一家団欒的シチュエーションのはずだが、不思議な緊迫感がある。

真夜中に義兄の背中で満たされたバスタブのその硬さをおもう

緊迫感の正体が見えてくる。それは愛だったのだ。まだ何も起きていないのに怖い。この本のそんな世界に惹きつけられる。

排卵日小雨のように訪れて手帳のすみにたましいと書く

密やかな行為に、ぞくっとさせられる。どうして「排卵日」に「たましい」？「たまご」じゃないの？　よくわからないのに、思いつめた感覚だけが伝わってくる。

恋愛や「排卵日」以前を詠った作品にも、独特の怖さは既に宿っている。

　　わたくしを不気味な子供と呼ぶ母がジャスミンティーを淹れる休日

「ジャスミンティーを淹れる休日」の静けさが、逆に不安を募らせる。もちろん、その背後には「わたくしを不気味な子供と呼ぶ母」の存在がある。普通、「母」は娘を「不気味な子供」なんて呼ばない。だが、もうひとつの鍵としての「わたくし」にも注目したい。普通、「子供」は自分のことを「わたくし」とは呼ばないだろう。「不気味」だ。

# 世界の限界が知りたくて

飯田茂実『一文物語集』（e本の本）

『一文物語集』という本がある。このタイトルが、ずっと気になっていた。「一文」で「物語」って書けるものだろうか。星新一のショートショートだって、それよりはずっと長かった。

読んでみたい、と思いつつ、なかなか現物をみつけることができなくて機会がなかった。ところが、先日「好きそうだから」と云(い)って、友人がこの本をくれた。嬉(うれ)しかった。緊張しながら、頁(ページ)を開いた。

　深海魚(しんかいぎょ)に会(あ)おうとした揚羽蝶(あげはちょう)が、海面(かいめん)にへばりついている。

なるほど「一文」だ。だが、私は心を揺さぶられた。「揚羽蝶」は「深海魚」に会えるのだろうか。到底無理に思える。だって、両者の間には「海」がある。「揚羽蝶」の力でどうにかできるとは思えない。しかし、それでも、「海面にへばりついている」のだ。

そんな「揚羽蝶」のことは笑えない。人間もこれに近い振る舞いをするんじゃないか。例えば、愛する人を亡くした時などに。生きている私と死んでしまったあの人の間に横たわっているのは「海」よりももっと大きなものだ。

　熱病患者の額を冷やしたり、盗まれた宝石を包んだり、若い娘の夜の涙をぬぐったりしたかったのに、そのハンカチは古着屋の倉庫のなかで、いつまでも見栄えのしない外套のポケットに入ったままだった。

「熱病患者の額を冷やしたり、盗まれた宝石を包んだり、若い娘の夜の涙をぬぐったり」というのは、つまり世界の可能性のことだろう。

そんなにもさまざまな可能性が充ちているのに、「ハンカチ」は「いつまでも見栄えのしない外套のポケットに入ったままだった」。

この「ハンカチ」は俺だよ、と思う。「揚羽蝶」どころか「ハンカチ」と自分を同一視できるなんて。

「一文物語」とは、言葉によって世界の可能性を照らし出す思考実験なのかもしれない。世界の美しさ、残酷さ、退屈さの限界をこの目で確かめたくて、頁をめくる手が止まらなくなる。

二十年あまり舞台のうえで老夫婦を演じ続けたふたりの役者が、公演打ちきりの晩、初めて舞台の外で抱き合った。

「初めて舞台の外で」にしびれる。現実に長年連れ添った「夫婦」のどのような抱擁よりも、「ふたり」のそれは美しい。愛と信頼と可能性が結晶化された姿だからなのだろう。

脇腹のぱっくりと割れた刺傷を押えながら、爽やかな朝の湖岸で、せがまれて、子供たちと、命のかぎり、遊んでいる。

そんな。いいのか、病院に行かなくて。

# 真っすぐに進め

杉浦日向子『東のエデン』（ちくま文庫）

加齢とともに感覚が変化することがある。例えば、町で若いカップルを見かけた時、うらやましいと思う。昔もそういうことはあった。でも、それは主に「かわいい彼女を連れていてうらやましい」という意味だった。ところが、今の感覚は違う。「ふたりの姿が丸ごとうらやましい」のだ。交わし合うまなざし、恥ずかしそうな表情、溢（あふ）れる希望と絶望の予感。その全てをひっくるめてうらやましい、

また、テレビでスポーツを見ている時、「どっちも頑張れ」と思っている自分に気づいて愕然（がくぜん）とする。「どっちも」ってなんなんだ。昔はひいきのチームが負けると悔しくてたまらなかったのに。

そんな時、ヤキが回ったとはこのことか、と焦る。不安になる。この調子では、いずれは世界の全てがいとおしくなってしまうんじゃないか。馬鹿な。

だが、一方では、感覚の変化によって現実が豊かになる面もある、と思う。例えば、立食い蕎麦屋（そばや）で「ネギ、多めに」と云（い）う時。二十代までの自分にとってネギなんて意味不明な食べ物だった。なんのために地球上に存在するのかわからなかった。でも、今は

わかる。あれ、おいしいよ。嚙(か)むとぬるぬるして最高。

ネギほど極端ではないが、自分の読書体験においても、最初はぴんとこなかったのに時間をおいて再読したら面白くてびっくり、というケースがある。

例えば、杉浦日向子の作品。彼女の漫画の多くは刊行時に読んでいた。が、熱狂することはなかった。丁寧でいい仕事だなあ、という印象。

ところが、今年の正月のこと。古本屋の棚に『東のエデン』『合葬』『百日紅(さるすべり)』が並んでいるのを見て、何か閃(ひらめ)くものがあった。まとめて買って帰って一気読み。夢中になってしまった。こんなに面白かったのか。

確かに、記憶通りの絵柄とストーリーなんだけど、心への沁(し)み込み方が昔とは全然ちがう。作品は変わらないんだから、こちらの何かが変化したんだろう。

『東のエデン』は明治初期の横浜が舞台の作品集。体を張って助けた洋妾(らしやめん)に一晩泊めてくれと頼まれて「国元に許嫁(いいなずけ)が居る。まして書生の身、妾(めかけ)なぞ論外である。よって、夢々慮外(りよがい)いたすな、良いか」と諭(さと)す元殿様の青年が、私の目には理想の男にみえる。そして、彼に向かって「慮外いたします。お手打ちになと何なとなされませ」と告げる捨て身の洋妾が理想の女に思えるのだ。そんな彼らが夢みた国とは、なんだったのか。

最後の一コマに書き込まれた「ヨーソロ　ニッポン」に涙ぐみそうになる。ヨーソロって船の掛け声だよな、どういう意味だっけ。と思って、辞書を引いてみた。「真っすぐに進め」、嗚呼(ああ)。

# わからなくても

ヒグチユウコ『せかいいちのねこ』（白泉社）

主人公のニャンコは猫のぬいぐるみ。でも、本物の猫になりたいと願っている。そのために旅に出る。

途中で、たくさんの猫たちと出会うのだが、どの猫にも微(かす)かな謎がある。或(あ)る猫は帽子で顔を隠している。或る猫はやけにニボシを欲しがる。或る猫は犬を連れて旅をしている。或る猫は耳に不思議な形の傷がある。

そういえば、と思う。現実の猫たちも皆、どこか謎めいている。また、私たちが出会う他者という存在は、いつも完全には理解しきれない怖さを秘めている。『せかいいちのねこ』の中には、我々が生きている世界の感触が反映されていると思う。

例えば、耳に不思議な形の傷があるのは避妊手術済みの野良猫の証(あかし)、とわかる読者にはわかる。けれど、知らない人もたくさんいるだろう。

もちろん、作中のニャンコには理解できない。でも、そばにあった花を摘んで、その耳につけてあげるのだ。すると、相手は自分が心配されたことがわかって「ありがとう」と微笑(ほほえ)む。わからないなりに優しくしようとする。そこに胸を打たれる。わかるよりも大事なことがあるんじゃないか。

世界の全てを理解することは誰にもできない。自分の願いが叶うかどうかもわからない。だからこそ、緊張したり、混乱したりしながらも、できるだけ優しく、なるべく勇気を出して生きるしかない。そんな、当たり前だけど普段は忘れていることを、この作品は、理屈ではなく、空気の感触として思い出させてくれる。

# II

# これは一体何なのだ

川上弘美『物語が、始まる』（中公文庫）解説

数年前の春に、或る句歌会に参加したことがあった。集まって俳句と短歌を作る催しである。定刻より早めに着いた私が会場のドアを開けると、長身の美しい女性が部屋の真ん中にぼんやり立っていた。こちらを見てにっこりされたので、ちょっとどきっとして曖昧に会釈をして外に出た。誰だろう、と私はトイレで考えた。おそろしく背が高く、髪が長く、きれいな女だが、誰もいない部屋にひとりでぼんやり立っている感じがいかにも妙だった。幽霊かな、とちらっと私は思った。

ほどなく句歌会が始まった。「こちらは小説家の川上弘美さん」と先ほどの女性を紹介されて、挨拶を交わした。川上さんは幽霊ではなくて小説家なのだった。

「いたみやすきものよ春の目玉とは」というのが、その日彼女が作った俳句である。変な句だ。

それから暫くして川上さんが芥川賞を受賞されたという噂を聞いた。あの人はどんな小説を書くのかな、と私は思った。ぼんやり立っていた様子ときれいな笑顔と変な俳句から彼女の小説のことを想像しようとしたが、全然、想像できなかった。

「物語が、始まる」を読んだのは、それから二カ月ほど後のことだった。

＊

「雛形を手に入れた」という冒頭の一文に、どきんとした。

「何の雛形かというと、いろいろ言い方はあるが、簡単に言ってしまえば、男の雛形である」で、胸のどきどきは高まった。

そこへ追い打ちをかけるように「生きている」。

うわっと思って本を伏せた。うーん、これって……。

気を取り直して続きを読む。

「大きさ一メートルほど、顔や手や足や性器などの器官はすべて揃っている」

あれ？　と思って広辞苑を引いてみる。

ひなｰがた【雛形】
①実物をかたどって小さく作ったもの。模型。「新校舎の――」

ああ、そうか、と自分の勘違いに気づく。私は「張形(はりがた)」と混同していたのだった。そうか、そうだよな。いきなりそんなものを拾う話を書くわけないよな。ほっとしながらちょっと残念な気持ちになる。

　だが、考えてみると「雛形」を拾う方がずっと怪しいのだった。ゆき子と「雛形」三郎の出逢いに始まるこの小説は、ひどく怪しい純愛の物語であった。

『アルジャーノンに花束を』の諸星大二郎バージョンみたいな話かな、と思って読みだしたのだが、途中からぐんぐん緊迫感が増してきて、先を読まずにはいられなくなる。ゆき子と三郎の物語の中には、人形愛や母子愛や自己愛がぐちゃぐちゃに詰まっている。そしてそんなにぐちゃぐちゃになっていても、やはりそれは純愛なのだった。

「たぶん、あれが私たちのもっとも幸せな時間だったのかもしれない、と思う場面がある」という一文に胸が締め付けられる。私にもそういう場面があった。誰にもそういう場面があるだろう。だが、それを共有した相手は、決して「雛形」などではないのだった。

「物語が、始まる」は、アルジャーノンよりもやるせなく、「張型」よりも危険な物語だった。読み終わった私の胸はすっかり熱くなっていた。

　私は思わず友達に電話をかけた。

「『物語が、始まる』読んだ?」

「川上さんの?」

「うん」

「読んだよ～、三郎の話、せつないね～」

「うん、うん」

「あたし、泣いたよ」

「うん、うん、うん」

満足した私は肯きながら電話を切った。

そして次の作品を読み始めた。「トカゲ」である。

この話には、女と子供と座敷トカゲしか出てこない。そして話の舞台は昼間のマンションだ。それなのにこの濃密ないやらしさはどうだ。

ラストシーンで行われている行為は、冷静に指を折って考えてみると、同性愛の近親相姦の獣姦の乱交のラマーズ呼吸法の黒ミサの生け贄儀式ではないか。しかもその快感は蛇の生殺しならぬトカゲの生殺しのようにいつまでも終わらない。読み終わった私の頭はすっかり痺れていた。

私は思わず友達に電話をかけた。

「『トカゲ』読んだ？」

「川上さんの？」

「うん」

「読んだよ～、座敷トカゲ、面白いね～」

「めちゃくちゃエッチじゃないか」

「え、川上さんのこと？」

「うん」

「そんなことないよ。だって川上さん、学校の先生だったんだよ」

「エッチな先生だっているだろう」

「だって理科の先生だよ」

「理科……」

「うん、炎色反応とか細胞分裂とか」

よくわからなくなった私は電話を切った。「トカゲ」はエッチじゃないのか、興奮した私の方がエッチなのか、混乱しながら再び本を開いた。

次は「婆」である。これは、なんというか、今までに読んだことのないようなホラーだった。

「鯵夫のことを考えながら歩いていたのだ」というのがその始まりである。

「鯵夫」、おかしな名前だ。同じ魚にしても、カツオとかマスオとか色々あるだろうに「鯵夫」は変だろう。そして途中で出てくるお酒が「つるまさむね」。まともなようでこれも妙だ。「鯵夫」も「つるまさむね」も、なんというか、日本語検定一級の外国人がつけた名前のようなのだ。

関節が外れたような言葉のおかしさにつられて読み進んでいくと、いつの間にか世界全体の関節がばらばらに外されている。「袋」から「蒲鉾の板」がざらざらと出てくるところで、ぞっとする。降ってくる大量の「婆」たち。それから、しみじみとひりひりが激しく入り交じったラストシーン。
読み終わった私の頭はすっかりぼおっとしていた。
私は思わず友達に電話をかけた。
「今、僕が読んだ、これは一体何なのだ？」
そう訊きたくて、電話をかけた。ところが、出ない。友達が電話に出ないのだ。
私は困った。これでは最後の話が読めない。
川上さんの書く話はよくわからない、わからなくて、こわいのだ。
「もしもし、もしもし」と私は呟いてみる。
誰も出ない。
電話は鳴り続けている。
最後の話は「墓を探す」である。

# 「時間」が見える人

本上まなみ『ほんじょの鉛筆日和。』(新潮文庫)解説

ところで、みなさんは古いサイフをいつもどうしていますか?

エッセイの中で、こんな風に呼びかけられると嬉しくなる。「はーいはーい」と手を挙げて、「あの、僕はサイフってもってなくて大きな手帳をサイフの代わりにしていて、だから古いサイフは古い手帳なので……」と、延々と答えたくなる。

でも、呼びかけはこう続くのだ。

> サイフってその役目を終えると死んじゃうよね。中身を出した途端に「死体」になる。角は擦り切れ色は剝げ、ぶよんぶよんに伸びてゆがんで、やせ細って。でも存在感がありすぎて、ただのゴミにはできないんだよね、どうしても。

予想とは違った展開だ。口調は可愛らしいけど、これってかなり凄いことを云ってる

んじゃないか。「中身を出した途端に『死体』になる」……、なるほどそうだ。「角は擦り切れ色は剝げ、ぶよんぶよんに伸びてゆがんで、やせ細って」というやけに詳しい描写はちょっとこわいけど、とても的確だ。

そのような「存在感」から目を離さないところに本上さんの精神性を感じる。「死体」の「存在感」を背後で支えているのは、「お金の出し入れ」×「回数」だと思う。これはつまり「サイフ」の持ち主が生きてきた「時間」そのものなのだ。

そんなことをぼんやり考えながら、読んだ最後の一文はこれだ。

だから、前のもその前のもずっと衣裳棚のひきだしにしまってあります。

しーんとした気持ちになる。そして、素敵だなと思うのだ。

本上さんがスタイリッシュな美人というのは明らかだし、ほわんとしていて意外に庶民的というのも事実なのだろう。だが、『ほんじょの鉛筆日和。』を読んで私が最も心を惹かれたのは、「サイフ」の「死体」をじーっとみてしまう彼女の眼差しだ。

トリガラの相手したこと、ありますか？

こんな風に始まる回もある。

トリガラはその骨のゴツゴツさ、あばらのしっかりした感じ、ところどころに残るブツブツした皮、黄色い脂肪、切り口から見える赤黒い血のかたまり、そして何より筋肉質の首……。首が胴と連結している地点でぽきっと折り曲げられているのです。やっぱり魚とは違う。

どうだろう。今度は「トリ」の「死体」だ。「サイフ」のとき同様、おそろしく精密な観察描写に驚く。普通、ここまで書くだろうか。

「トリガラ」が「魚とは違う」のは、まあ、ひと目みればわかるではないか。でも、本上さんは、さらにじーっとみてしまう。今生きている自分の「時間」を費やして、死んでしまった「トリ」の「時間」を確かめようとしているのだ。

「やっぱり魚とは違う」の「やっぱり」には、この「時間」の重みが込められている。これは私を含めてほとんどの現代人が失ってしまった能力だと思う。きれいで便利なものに囲まれて生活する私たちは、「トリガラ」をじーっとみつめるエネルギーをもつことが難しい。そのために「やっぱり」を維持できなくなっているのだ。

「トリガラ」の描写はさらに続く。

背中に緑色の汁がうっすらついているのを発見したときは、思わず二、三歩後ずさりしましたが、一羽ずつ蛇口の真下に寝かせて水圧でおなかもすっきり洗いあげました。

「緑色の汁」って、なんだろう。髄液のようなものか。これがちゃんとみえて、脳にインプットされて、文章に書かれている、ということに感動する。

だからこそ、できあがった「トリガラ」のスープが生きてくる。

お玉ですくってみると、なんと澄みきった金色！

この一文だけを書くなら誰にもできるのだ。私たちは文字通り「時間」のおいしい上澄みを掬うようにして生活しているのだから。でも、本上さんは違う。不気味な「緑色」があるからこそ、この「金色」は輝いている。本物の「時間」の色だ。

こんな回もある。

私は彼に頼りっぱなし。ごはんも食べるし原稿も書く。トランプの七ならべもギリギリ乗せられるし、ファンクラブ通信もここから生まれるのだ。

「彼」とは「ちゃぶ台」のことだ。

これはうちのオカンが実家近くの東急ハンズから一万五〇〇〇円で買って、車で東京まで運んできてくれたもの。

だが、そんな「ちゃぶ台」について、こんなことが書かれている。

それで拭いてもとれないシミがだんだん残るようになったのです。しかも、乾燥した東京の空気で天板が反り返ってくる始末。茶碗にお茶をなみなみ注ぐとこぼれるの。

ここでの本上さんは「ちゃぶ台」の「天板」の「シミ」と「反り」とに視線を当てている。だが、そんなになってしまった「ちゃぶ台」は捨てればいい、という簡単な話にはならない。奇妙なためらいが感じられる。

何故なら「ちゃぶ台」の背後にあるのは、それを買って車で運んでくれた「オカン」の「時間」、そして東京で過ごしたひとりの「時間」だからだ。本上さんは「ちゃぶ台」の「シミ」と「反り」から、その重みの全てを感じ取っているのだ。

本上さんは年を取るほどに美しい人になっていかれると思う。「時間」をきちんとみつめている人間に、それが味方をしないはずがないからだ。

そしてまた、こんな人と「時間」を共にしてみたいと思わない者がいるだろうか。いや、いない。

本上さんの「時間」に触れてみたければ、本書を開いてどこからでも読んでみるといい。それだけで完璧に願いは叶(かな)うのだ。と云いつつ、よかったら、今度デートしてください。

# 孤独のひかり

本田瑞穂『すばらしい日々』（邑書林）解説

『すばらしい日々』の原稿を読み進むうちに、作中の〈私〉の心の在り方に恐怖に近いものを感じて、目が離せなくなった。一体この人はどういう人間なのか。

まひるまにすべてのあかりこうとつけたったひとりの海の記念日

「海の記念日」は七月二十日である。そんな真夏の「まひるま」に「すべてのあかり」をつけた、という一首の〈暗さ〉に驚く。それはたまたま曇りの日だったのか。いや、それにしては「すべての」に奇妙な過剰さがある。

快晴の「まひるま」、何のためにか自分でもわからないまま、おそらくは心の裡の何かを充たすために、ひとつずつ「あかり」を点してゆき、とうとう「すべてのあかり」が点いてしまった。そんな奇妙な光景を思い浮かべる。

ここにあるのは、例えば、「たったひとり」で夜の闇に溶けてしまうことよりもずっと深い〈暗さ〉ではないか。「まひるま」の強い陽光に消された「あかり」、さらにその中に溶け込んでしまった〈私〉の姿は、船を知らない燈台（とうだい）のように孤独に見える。

平仮名表記を生かした光の歌をもう一首。

　なかゆびのゆびわがひかる急に日が落ちたとおもう鏡の中で

「鏡」と「ゆびわ」の力を借りなければ「日が落ちた」ことを知覚できない、それほど世界から隔てられた心を思う。世界から遠く離れた場所で生まれた呟（つぶや）きの、その小ささ、虚（むな）しさが、歌という「鏡の中」で大きく翻って、読み手の胸に鮮やかな傷を残す。

　忘れ物とりに戻った玄関のおぼえていたたい靴の大きさ

「おぼえていたたい靴の大きさ」がひどく切ない。誰かと繋（つな）がる方法として、「靴の大きさ」を覚える、というのはあまりにもささやかで一方的ではないか。ここにみられるのは、深い孤独の反転形としての願いのささやかさだと思う。〈私〉は、それ以上を望むということを知らないのだろう。

「靴」の持ち主は家族だろうか。「すばらしい日々」の家族の歌には、印象的なものが多くある。

おまえは、おとうさん似と母が言うわたしの顔を見もせずに言う

一読して、ア、コレハジッサイニアッタコトダ、と思う。この怖さは何だろう。「おまえは、おとうさん似」という何気ないひと言が、たまらないリアリティをもって迫ってくる。「母」の歌は凄(すご)みのある秀作揃(ぞろ)いだ。

眠る前顔を洗っている母の音まだなのかもう終わるのか

「まだなのかもう終わるのか」に、先の「おまえは、おとうさん似」と表裏一体の怖さを感じる。「母の音」という異様な云(い)い回しによって、一首の内部に、単なる洗顔行為を超えた何か、例えば、女としての母の命そのものが浮かび上がってくるようだ。

まっしろなさくらのかげがひらひらと落ちてくる橋母と渡りぬ

「まっしろなさくらのかげ」には、ここまでみてきたような、幾重にも折り畳まれた母娘間の感情を超えたうつくしさがある。「さくら」の花びらそのものではなく、「かげ」が落ちてくるところに詩的な純度の高さを感じる。「母」と渡った「橋」の向こうには、

どんな景色が広がっていたのだろう。

この家の鍵を上手にあけるのは弟だけのわたしの家族
地下鉄で卒園式の子を連れた人の現実感と行き会う
すぐそこの「こちらわたしの親友です」「こちらわたしの」立ったひとたち
澄んでいく町に味方はいらなくて帽子を深く被って歩く

「家」から、「現実感」から、「親友」から、「味方」から、この世の全てから、遠ざけられた〈私〉の姿がみえる。そして、奇妙なことに〈私〉自身は、それに気づいていないようにも思えるのだ。

そういえば、友の便りに先の夫父になったと知る春炬燵

一巻の終わり近くに、突然この歌が現れて唖然（あぜん）とする。〈私〉は結婚したことがあったのか、そんな気配はまったくなかったのに。結婚するどころかひとりとひとりが対峙（たいじ）する恋愛の関係性にすら遥（はる）かに遠い、そんな離人的な印象がある。夢の中の愛と別れ。「そういえば」のねじれた唐突さに、自分自身の過去からさえも隔てられた〈私〉の姿を見る。

本田瑞穂が言葉を、歌を、選んだのは理解できるような気がする。世界と自分自身から隔てられた者の祈りが、五七五七七の定型に乗って流れ出す時、かつてみたことのなかった歌が生まれてくる。

はじめからゆうがたみたいな日のおわり近づきたくてココアをいれる
絵葉書をポストにそっと落とすとき闇が一枚分だけ浮かぶ
呼ぶような目覚めたばかりのあぜ道の風にふかれるとりのなきがら
まるみえのまま暮れていくファミレスのなかのひとりに訊いてみたくて
すばらしい日々を半音ずつ上がり下がりしながらやがて忘れる

「はじめからゆうがたみたいな日」「闇が一枚分だけ浮かぶ」「まるみえのまま暮れていく」、いずれも言葉の出所のみえない、そのくせ目にした瞬間に何かがわかってしまうような魅力をもっている。

最も孤独な場所で呟かれた歌の、小さく、虚しく、静かな調べは、最も遠い誰かに届き、その胸に何かを溢(あふ)れさせるのだろう。

じゅんばんに遠いところへ近づいていく信号は青にかわって

# 転校生登場

四元康祐『四元康祐詩集』（現代詩文庫）詩人論

四元康祐さんには転校生のイメージがある。勿論、私が勝手にそう思っているだけのことだが、これは、なんなんだろう。作風とか御本人が海外在住とかいうことからの連想だろうか。

転校生っぽさということで考えてみると、他のジャンルでは、例えば漫画家の高野文子さんにもそんな印象があった。彼女の登場時の作品には、これが漫画なのかと驚かされるところと、漫画ってやっぱり凄いなあと再認識させられるような面のふたつがあったと思う。

四元さんの最初の詩集『笑うバグ』を読んだ時はどうだったろう。そうだ。私はその面白さに唖然としたのだった。

例えば、「シュレッダー」という詩を掲げてみる。

昼下がりのオフィスに異様な悲鳴が響きわたった。わたしは書類から眼を上げ、声のした方を振り返った。小肥りの水野事業部長が、上体を折り曲げるようにして、シュレッダーの上に覆い被さっていた。事業部長のディオールのネクタイがシュレッダーの歯に挟まっているのが見えたのは、その次の瞬間である。その西ドイツ製の機械は、事業部長のネクタイを既に結び目の辺りまで呑み込み、なおも牙を震わせている。事業部長は襲いかかる牙から必死で顔をそむけているが、その表情にはもはや当惑や狼狽はなく恐怖だけが張りついている。突出した下腹をシュレッダーの角に食い込ました窮屈な姿勢のまま、両手をばたばたと動かしているのは、スイッチの場所を探しているのだろうか。おい、だれか……スイッチ……スイッチ……。そう云ったのが事業部長だったのかそれとも小菅第二課長だったのかは、いまとなってはもう定かではない。一番近くにいた黒川くんがこわごわとした様子でシュレッダー（そしてそれに付着している水野事業部長）に近づき、スイッチを消した。シュレッダーのうなり声が止み、奇妙な静寂のなかで事業部長の荒い息づかいだけが聞こえた。パニックの空気が薄れ、人々はシュレッダーの周りに駆け寄っていったが、わたしは席を立つことが出来なかった。突如、烈しい笑いの発作に襲われたからである。いまや全身の力を抜き、シュレッダーの口に頬ずりしているかのような事業部長を見るうちに、わたしの身体はけいれんし、噛みしめた唇の奥で咽が震えた。か細い悲鳴のような声に続いて、笑いが爆発した。おなかを押さえ、床に膝まづいた姿勢のまま、わたしはオフィス中に響きわたるわたしの笑い声を聞いた。額を床に何度も叩きつけたが笑いは止まらなかった。再び空気が凍りつき、みんなの視線がわたしに注がれているのを感じた。わたしをたしなめる誰かの声が聞こえた。それでもわたしは笑いつづけた。眼から涙が溢れ、口からはよだれが垂れて、息が止まった。苦しさの余り顔を上げると、まだシュレッダーにへばりついたままの事業部長が、顔を真っ赤に染めてわたしをにらみつけているのが見えた。それがさらに笑いを刺激した。おなかを押さえたまま床に横たわり、もはや笑い声すらたてることも出来ず、うめいた。（事業部長が……シュレッダーに……胸倉を……摑まえられた………）そのフレーズが頭の芯でなんども繰り返し聞こえ、その度に新たな発作に見舞われるのだった。

この詩のエンディングでは、本当に笑い声が出た。これが詩なのかと驚いてすっかり嬉しくなった。でも、それがそのまま、詩ってやっぱり凄いんだなあ、には繫がらなくて、なんだか不安な気持ちになった。あの躊躇いはなんだったのか。

高野文子と四元康祐というふたつの優れた才能に出逢った時、私の中に生まれた反応の違いは、彼らの作家的な個性に起因するというよりは、単純に漫画と現代詩というジャンルの違いだったのだと思う。

漫画に較べて、現代詩はジャンルのアイデンティティというか、自己規定がずっと強いのだ。私がふだんやっている短歌もかなりのものだが、それよりもさらに強いだろう。そういう世界では、面白ければそれでいい、ということにはならない。

それまでになかったような個性をもつ作家が漫画の世界に現れることは、そのままジャンルの領域が広がったことを意味する。でも、現代詩や短歌においてはそう単純にことは運ばない。現に書かれた作品にオーバーラップするように、それが本当に詩か、短歌か、俳句か、という証が求められるのだ。

その学校の生徒ではない私にとっては、転校生の正体が何で、どんな風に受け入れられようがどうでもいいはずなのだが、四元さんのことだけは何故だか気になってしまう。どこからきたの、とか。それはドイツ弁なの、とか。お昼のパンの買い方はわかるかな、とか。体操服の色が違ってて苛められないかな、とか。

それはたぶん、自分の中に現代詩とか短歌とか俳句という区分よりも、もう少し広い意味での詩に対する関心というか、憧れがあって、その意識が四元さんの作品世界に共振していたからだと思う。本物の詩を読んで声を出して笑った、と信じたいのは、その事実が未来のどこかで私自身の運命とリンクしているように感じるからだ。

第二詩集『世界中年会議』を読んでその気持ちは一層強まった。

たとえばアメリカの一中年が行った「ハードコアポルノを見ても自分はもう興奮しないが、日曜日の早朝、分厚い新聞からこぼれ落ちる折り込み広告のなかの下着姿の女たち、家族が起きてくる前の静かな明るい台所でデカフェ片手に茫然と眺める彼女たちにはついついつい勃起してしまうことがあって、それを自覚した時に自分は中年だと認識した」と云う報告は参加者全員に強い感動を与え、俺自身国籍や職業などさまざまな属性を越えて中年という普遍的な主体が存在することを改めて確認する最大の拠り所となったのだった。

（「世界中年会議」）

「会社」や「中年」について書かれた、こんなに面白いものが詩だなんて、素晴らしいじゃないか。それを契機として、「家族」「外国語」「翻訳」「ギャグ」「ポエム的なるもの」など四元ワールドに含まれる多くの資産が、日本の詩の中で生きる可能性があるのだ。

でも、どうすればそれが現実のものになるのだろう。そういうのは言語感覚とか教養とかの問題ではまったくないし、などと、私が考えるまでもなく、答は本書の中に示されていた。

およそ世の中で起こっているすべての事柄は、世俗であれ高尚であれ、人事であろうと天上の出来事であろうと、詩に書くことが出来る、詩とはそれくらいヴァーサタイルな表現形式だと云う希望を持つに到りました。

（『笑うバグ』あとがき）

猥雑極まりない日常の地面から生えてきた
珍奇なキノコのようなぼくのコトバも

古代以来の宴の熱狂と陶酔の果てに身を連ねて
詩と称することを許されていて
だがそれをそうたらしめているのは
詩というものに対する一種の盲信的な愛ではないかと

（「中年ミューズ」）

自分が生きて行くために必要な切羽詰ったもの。無言の一瞬から現れて、言葉とともに地上にとどまるもの。そういう、「詩」としか呼びようのないものが、この世には存在する、初めてそう確信したのだ。

（「静けさの底で、搾りとる」）

国ではない、言語でもない、「詩」が故郷。そんなことがあり得るだろうか。

（「城壁の外の、ダンテ」）

もしも井戸の底から一篇の詩を釣り上げることができたならば、それは川に放してやろう。その流れが、個別の言語の境を越えて、この星にただひとつの、豊穣の海へそそぎこむことを願いながら。

（「井戸から釣り上げた魚を、川に放す」）

詩の発見と再発見、ジャンル観の確立と修正、そして自らの愛情の確認が何度も繰り返されている。この認識の確かさとスタンスの誠実さ、そして想いの深さ。見事なものだ。四元さんが「シュレッダー」とか「世界中年会議」とかを「川に放して」やるところを想像して嬉しくなる。巨大な「シュレッダー」は川底にめり込むんじゃないか、と心配で、でも笑ってしまう。

転校生っていうのは、なんというか、ジャンルへの愛情と相対化の両立によって、そのアイデンティティの更新ができる人なんだと思う。四元さんには、これからもたくさんの新しい遊びを教えて貰えそうだ。

# 洞察観音

酒井順子『食のほそみち』（幻冬舎文庫）解説

酒井順子さんと一緒にご飯を食べませんか、と云われて私はためらった。

誘って下さった通信社の記者さんは、おふたりはきっと話が合いますよ、などと云ってにこにこしている。

それはそうかもしれませんが、でも、と私は呟いた。

僕は怖いんです。

は？　と記者さんは不思議そうだ。

何が怖いんですか。

目が。

目？

ええ。

酒井さんの？

はい。

どうしてですか？

だって……。

冷蔵庫というのはキッチンにおける未決箱、なのだと私は思います。

鍋物というのは、主従関係が非常にはっきりした食べ物です。フグ鍋であったら、主はフグ、野菜は従。鶏（とり）の水炊（た）きにおいても、主は鶏で、野菜は従。つまり動物性蛋白質素材が頂点にいて、あとの素材は全て、その下僕として存在しているのです。

豆腐は、「買ってきてすぐ食べられるのに、『出来合いの物を買う』という罪悪感からは逃れられる食材」として、非常に有用なのです。（いずれも『食のほそみち』）

「冷蔵庫」や「鍋物」や「豆腐」について、これ以上に深い洞察があるだろうか。ひとたび酒井さんの視線を浴びたものは、例外なくその真の姿を剝（む）き出しにされてしまうのである。

鋭い洞察力によって書かれたエッセイは、読者にとってはたまらなくエキサイティングな読み物になる。私だって普段は愛読して楽しんでいる。しかし、赤外線暗視スコープのようなその視線の前に、生身の自分を置くとなると話は別である。

いや、本質を密かに見抜かれるだけならまだいい。だが、酒井さんはさらに卓抜な

「名づけ」の力によって、対象の裸の姿をこの世に定着させてしまうのである。その結果、我々の目には、冷蔵庫が「キッチンにおける未決箱」以外のものにはみえなくなってしまう。

その最大の例が「負け犬」である。「未婚、子ナシ、三十代以上の女性」のことを示すこの言葉は、彼女の「名づけ」によって二十一世紀の日本国民のあたまに焼きついた。「負け犬」本人もそうでない者も、もはやこの言葉を使わずに「今」を考えることはできない。ひとつの「名づけ」がこの国のこの時代を生きる人間の本質を照らし出したのだ。

聞くところでは、酒井さんは以前厚生労働省の「少子化社会を考える懇談会」の委員をされていたらしい。その洞察力が国家的なレベルで「使える」と判断されたのだろう。自ら進んでその道を選び、おそらくは潜在的にアイデンティティの確立を求めていたであろう「負け犬」たちは、きっぱりと「名づけ」られて本望でもあるだろう。だが、怖ろしいことに酒井さんの視線は、この世界の隅っこにこそこそと隠れているものの姿をもくっきりと照らし出してしまうのだ。

> 「無駄海老」とは、何か。と言うと、つまり天婦羅とか海老チリのように、海老そのものを料理として食べるのではなく、「この料理は豪華だ」ということを知らしめる為だけに、特に必要性も無いのに添えられている海老」のことです。

（『食のほそみち』）

「無駄海老」、なんて身も蓋もないネーミングなんだ。だが、この「名づけ」は対象を骨（はないけど）まで貫いている。「この料理は豪華だ、ということを知らしめるためだけに、特に必要性も無いのに添えられている海老」って……、怖ろしい。

こんな視線が自分に向けられてはたまったものではない、と私は思ったのだ。一緒に食事をしているうちに、目の前の男（私だ）についてのひとつの洞察が酒井さんの心に浮上する。万一、それを口にされてしまったら、どうしたらいいのだ。それが「おたく」とか「女好き」とか「丸顔」とか、こちらに心の準備のあるものなら耐えることができる。だが、この人の洞察がそんな可愛いレベルに留まるはずがない。

「鍋物の野菜」は、自分が「下僕」だと知っていたか。

「茶巾寿司の上の海老」は、自分が「無駄海老」だと知っていたか。

そうは思えない。彼らは彼らなりに己の存在や役割に自信をもって生きていたはずだ。それが酒井さんによって、思ってもみなかった本質を突かれてしまったのである。野菜や海老はまだいい。日本語がわからないから。だが、私はちゃんとわかるのだ。自分が「下僕」や「無駄海老」だと知らされたら自我が崩壊するかもしれない。

とうとう食事の日が来た。六本木のレストランでお目にかかった酒井さんはつるんとした卵っぽい美人で、少しも怖い人ではなかった。学生時代の失敗談などを気さくに話してくれて、ほっとする。

やがて、楽しい食事の時間の中で、私は自分の胸にぼんやりとした願いが生まれていることに気づく。

「名づけ」て下さい。

え？　と思わず驚く。

私を「名づけ」て下さい。

何を云っているのだ。

自分で自分に呆（あき）れてしまう。

おまえはあんなにもそれを怖れていたではないか。

何を今さら。

だが、ひと粒の泡のように生まれた願いは消える気配がない。

ますます大きく膨らんでゆく。

嗚呼（ああ）、早く、私に。

予想もできない「名づけ」をお与え下さい。

確かに私は「おたく」の「女好き」の「丸顔」かもしれない。

でも、それだけじゃないんです。

あるはずがない。

決して後悔しません。

教えて下さい。

いったい何者なんですか、私は。

そんな願いに気づいたのか、ノンアルコール・カクテルを口元に運んでいた酒井さんの目がきらっと光る。

どきっとする。

美しい唇から、ついに決定的な一語が零れる。

それこそは、かつて一度も思いもしなかった、そして、私という存在を芯まで貫く言葉……。

「○○○○」

# この世の友達への眼差し

井伏鱒二『井伏鱒二全詩集』(岩波文庫)解説

峯の雪が裂け
雪がなだれる
そのなだれに
熊が乗つてゐる
あぐらをかき
安閑と
莨をすふやうな恰好で
そこに一ぴき熊がゐる

(「なだれ」)

一読して、想像を超えた構図にあたまがくらくらする。「なだれ」の上に「熊」、しかも「あぐら」をかいているとは。

こんな風に描かれると、激しい「なだれ」が、何故(なぜ)かスローモーションの映像のように感じられる。どこかほのぼのと漫画的でもある。

だが、と私は思う。「あぐらをかき」「安閑と」「莨をすふやうな恰好で」とは、作者がそのように表現しているに過ぎない。もしかすると、冬眠から叩き出された「熊」は、死の直前の絶望の中にいるのかもしれない。或いは、既に死んでいるのかもしれない。初めてこの詩を読んだ時、私は内容のシュールさに驚きながらも、のんびりした描写と状況の厳しさの間のギャップを、心の奥で確かに感じ取っていた気がする。

では、作者がわざわざ暢気そうな描き方をしたのは何故なのだろう。

そう考えながら、ふと「熊」は我々かもしれない、と思う。「あぐらをかき」「安閑と」「莨」を吸っている我々の〈今〉は、実は、その一瞬一瞬が死の直前かもしれない。この「莨」が最後の一本になるかもしれないのだ。

だが、それが判ったからと云って、生の時間という「なだれ」に「乗つてゐる」我々に、一体どうすることが出来るだろう。

ある日　雨の晴れまに
竹の皮に包んだつくだ煮が
水たまりにこぼれ落ちた
つくだ煮の小魚達は
その一ぴき一ぴきを見てみれば
目を大きく見開いて

環になつて互にからみあつてゐる
鰭も尻尾も折れてゐない
顎の呼吸するところには　色つやさへある
そして　水たまりの底に放たれたが
あめ色の小魚達は
互に生きて返らなんだ
（「つくだ煮の小魚」）

ここでは生と死の間の一線が、絶対的なものであることが示されている。どんなにたくさんの魚が、どんなに生き生きとみえても、そして、もう一度水の中に放たれたとしても、「つくだ煮の小魚」は、ただの一匹も生き返ることはない。死んだものは生き返らない。生きているものは生きている。両者は決して混ざることがない。このようなラインの絶対性が、「魚拓（農家素描）」においては、次のように書かれている。

長男戦死　次男戦死　三男戦死
これをまとめて供養する
（「魚拓（農家素描）」）

「まとめて」の一語が凄まじい。生と死のラインの絶対性の前には、「長男」「次男」

「三男」も「つくだ煮の小魚」もまったく変わるところはない。

この詩の後半では「長男」「次男」「三男」の父母の様子が記される。それは死に対する生の側を描いて、両者の対比を強く感じさせるものになっている。

五郎作は太い足をなげ出して
踵の大あかぎれを治療中である
おかみさんが木綿針に木綿糸で
その大あかぎれを縫ひあはせてゐる

（「魚拓（農家素描）」）

どんなに嘆いても死んだものは生き返らない。生きているものは生きるしかない。「なだれ」の上で、「萓」を吸ったり、「大あかぎれ」を「縫ひあはせ」たりして、ただ生きるしかないのだ。

ところが、「勉三さん」という作品では、この絶対的な生と死のラインを、一瞬だけ、超える存在が現れる。

金剛地端（こんがうぢばな）の勉三さんが
薄刃の鎌で
えいつとばかりに鶏の首をきつた

何といふ不思議――首のない鶏は
断末魔の羽ばたきで舞ひあがり
（「勉三さん」）

「何といふ不思議」とは、生と死の隙間で羽ばたく異形の存在を見てしまったことから生まれた驚きの言葉だろう。

だが、勿論（もちろん）「首のない鶏」は、永遠に動きつづけるわけではない。それは「断末魔」の「舞ひ」ののち「納屋（なや）の廂（ひさし）の上にむくろを置いた」のだ。一瞬、波打ったかにみえた生と死の間のラインは、何ごともなかったように元通りとなる。

「蛙」という作品では、「畦道で一ぷくする勘三さん」が「蛙」の口に「煙管」の「やに」を押し込む。驚いた蛙は「目だまを白黒させた末に／おのれの胃の腑を吐きだして」洗濯を始める。

その手つきはあどけない
先づ胃袋を両手に受け
揉むが如くに拝むが如く
おのれの胃の腑を洗ふのだ
（「蛙」）

ここでは人間が「蛙」の運命を自由に弄ぶ神の位置に移動している。その結果、理不尽な運命に懸命に対処する「蛙」の方が、我々自身の姿に重なってみえてくる。作者にとって、「熊」も「小魚」も「蛙」も、我々と生死の運命を共にする存在なのだろう。生と死のラインをみつめる作者の眼差しは鋭く、運命共同体に向けるそれは温かい。

この眼差しの特徴について、次のような作品を見ながらもう少し考えてみたい。

「けふ顎のはづれた人を見た」と始まるのは「顎」だ。

その人は狼狽へたが
もう間にあはなかつた
ぱつくり口があいたきりで
舌を出し涙をながした
気の毒やら可笑しいやら
私は笑ひ出しさうになつた

（「顎」）

「春宵」でも類似のエピソードが語られる。こちらは知人が「溝」に落ちるのだ。

やがて佐藤の呻き声がした
どろどろの汚水の溝であつた
彼は溝から這ひあがり

全くひどいですなあ
くさいなあと泣声を出した
（「春宵」）

「僕」の反応は「顎」の時とよく似ている。

実にくさくて近寄れない
気の毒だとはいふものの
暫時は笑ひがとまらなかつた
（「春宵」）

他人の不運や不幸を笑う「僕」のどこが温かいのか、それは冷たい態度ではないか。いや、そうではない。これらの詩の中で示されているのは、ただ一度きりの命とその運命が、他人とは交換不可能だという、やはり絶対的な生の法則だと思う。我々は全ての生き物と生死の運命を共にしながら、同時に、自分以外のそれには指一本触れることが出来ない。

そして「顎」が外れることや「溝」に落ちることは、これらの詩の中で、小さな死のような位置にあるのではないか。たまたま今日は無事だっただけで、明日は自分の「顎」が外れ、「溝」に落ちる番かもしれない。運命をみつめる眼差しの鋭さによって、そのことを誰よりも強く感じるからこそ、「僕」は思わず笑ってしまうのだろう。そこには運命を共にしつつ、しかし、指を触れることのできない他者への共感があると思う。
生の法則の厳しさの前では、慰めも深刻な表情も役には立たない。ただ互いに笑い合うしかない世界、その中を共に生きているぎりぎりの実感だけが、「君」や「熊」や「蛙」への友情に意味を与えると信じたい。

コノサカヅキヲ受ケテクレ
ドウゾナミナミツガシテオクレ
ハナニアラシノタトヘモアルゾ
「サヨナラ」ダケガ人生ダ

（于武陵「勧酒」訳詩）

# 「これから泳ぎにいきませんか」

二階堂奥歯『八本脚の蝶』（ポプラ社）寄稿

編集者だった二階堂奥歯さんと夜御飯を食べながら、仕事の打ち合わせをしたことがある。終わりがけに突然、テーブルの上に水着が飛び出してきた。

「これから泳ぎにいきませんか」

ええ？　と思う。時刻は夜の十時を回っている。その唐突さに異様なものを感じた。その後、何度か言葉を交わすうちに彼女のことが少しずつわかってきた。二十代前半の若さで、こんなにも多くの本を読み、鋭敏な感覚と高度な認識を併せ持った人がいることに驚嘆する。表現の世界ではエキセントリックで早熟な才能は珍しくないとも云えるが、このタイプの「本物」を見たのは初めてだ。

「水着」のような衝動性は、なんというか、生き続けることに対して、彼女が払っているぎりぎりの税金みたいなものだったのではないか。

感覚の鋭さ、認識の強さ、エキセントリシティ、その全てにおいて彼女を「本物」に仕上げたのは、裡なるモチーフの強度だったと思う。彼女はいつも臨戦態勢にあった。身につけた特殊能力は武器、或いは防具だったのだろう。私はその切実さの核にあるものを知りたいと思った。

シンパシー以上に、凄いソースに出会ってしまったという興奮も大きかった。彼女は世界中でここにしかない情報の塊だった。打ち合わせをそっちのけで、フェミニズム、マゾヒズム、身体改造、言霊、その他についてさまざまな話をした。いずれも彼女のモチーフに関わると思われる項目だ。二階堂さんは常に率直で、その反応はユニークだった。こんなやりとりを覚えている。

おくば「だって言霊の機能の中で、物理次元への影響がいちばんハードルが高いっていうか、最後になるでしょう」
ほむら「どういうこと？」
おくば「言葉によってデブを美しいと思わせる方が、言葉で実際に体重を落とすよりは簡単ってことです」

だが、あまりにも時間がなかった。

初めて会ってから、彼女が亡くなるまで一年もなかったのではないか。その間、実際に話ができたのは数回だ。

何かの会合の後で一度だけ、彼女を家まで送ったことがある。住んでいる町の名前を告げると、彼女はそのまま助手席で眠ってしまった。

私は初めての道を進んで行ったのだが、途中で方角がわからなくなってしまった。運転が苦手なのだ。内心焦(あせ)りながら、どこだかわからない場所を走っていると、熟睡していたはずの二階堂さんが目を閉じたまま、こう云った。

「道に迷っていませんか？」

*

二階堂さんだったら、こんな時なんて云うだろう、とよく思う。彼女がいたら、面白かったのにな、と思う。三十代、四十代になった彼女と話がしたかった。どんなに面白い、魅力的な、凄い人になっただろう。今はまだ誰にもみえていない大切な価値観を、彼女はきっと摑(つか)んだと思う。残念だ。

と、云いつつ、でも、なんとなく、またどこかで会って話せそうな気がしてならない。それはよく云われるような厳粛な（？）意味ではなく、ずっと日常的でリアルな感覚として、奥歯さんがすぐ近くで、そうそう、と頷いているような気がするのだ。

あれ、髪型変えた？　と云って、変えてませんよ！　と怒られるような、この感覚はなんだろう。

風が、風に、風をみつめてねむらない少年探偵団の少女は

# 天使、或いは本当の人間

『楳図かずお　『漂流教室』異次元への旅』（平凡社）エッセイ

楳図かずおさんを町で何度かお見かけしたことがある。そのたびに二メートルほど後ろにこっそりくっついて歩く、という振る舞いをした。ああ、僕は今、楳図さんと同じ世界を見ているんだ、と勝手に興奮しながら。でも、周囲の景色はいつもと同じようにどんよりしている。変だ。もっとぴったり張りつかないと駄目なのか。

それとは別に仕事として吉祥寺のお宅に二度ほど伺って、お話しさせていただいたことがある。楳図さんの印象は、年齢や性別をほとんど感じない、というものだった。若々しいとか中性的とか、そういう意味ではない。人間にとって基本的な（と見なされている）それらの属性に、そもそも囚われていない、或いは心の深いレベルで忌避している、という感触である。

子供の頃から愛読している『猫目小僧』や『おろち』を思い出す。どこまでも孤独でありながら超越的な愛の波動に充ちた彼らの姿は、私にとって理想の人間像だ。と、書いてみて、あれ？　っと思う。『猫目小僧』も『おろち』も、いわゆる人間ではないからだ。前者は妖怪猫又と人間とのハーフ。後者は不死の美少女。ここから、愛と勇気と使命を貫く本当の人間になるためにはいわゆる人間であってはならない、という矛盾めいた論理を感じる。いわゆる人間とは、理想からほど遠い現実世界を作り出した大人たちのことだろう。大人になってはならない。そして、大人にならなければ性別からも自由なのだ。『猫目小僧』も『おろち』も、永遠の少年少女の姿をしていた。

楳図かずおには凡作がない。基本的にすべてが傑作。それらの多くに共通する感覚がある。成長や生殖への嫌悪、いや、それ以前に、作者は人間がどうやって増えるのか実は知らないのではないか、という奇妙な疑問を抱いたことがあった。いわゆる人間が人間なら楳図かずおは天使。いわゆる人間が人間でないなら楳図かずおは人間。『漂流教室』では、人間の愛と勇気と使命が試されている。今回、久しぶりに読み返して、物語もエピソードも結末も知っているはずなのに何度も涙が溢れて驚いた。いわゆる人間の世界で感動的とされるもののほとんどすべてに違和を感じる自分なのに。でも、センサーが狂ったわけではない。作者の無意識領域を含む本気度が別次元なのだ。『漂流教室』の世界では、大人たちは全員死んで、選ばれた子供たちだけが生き延びる。本作を読み終えた読者は、作中の少年少女が成長して、つまりは立派な大人になって未来を築くイメージを抱く。だが、本当のところはどうなのだろう。『漂流教室』以降の楳図ワールドでは、子供が子供のままで未来を作り出すにはどうすればいいのか、という問いがクローズアップされてくる。

# 現実直視の果ての「夢」

筒井康隆『銀齢の果て』（新潮文庫）解説

二十七日午後三時二十分ごろ、東京都渋谷区神宮前の表参道で作家・俳優の筒井康隆さん（九十六歳）が、通行中だった原宿族の若者六、七人と乱闘となり、全身打撲、内臓破裂で死去した。筒井さんは数年前より自宅近辺のこの付近を散歩し、気にくわぬ若者とみれば杖（つえ）でなぐりつけていたのだが、この日も若者のグループに襲いかかり、逆に袋だたきにされて死亡したものと見られている。

『私の死亡記事』（文春文庫）という本からの引用である。さまざまなジャンルの人間が自分自身の死亡記事を執筆する企画で、つまり、これは筒井康隆本人が自分の死に方を書いた文章なのだ。他の執筆者の頁（ページ）を見ると、多くはどこかとぼけた味わいのある最期（さいご）を描いているようだ。その中にあって、この現実的直接的暴力的で、しかし、あっけない死のイメージは異彩を放っている。

初めてこの記事を読んだ時、私は奇妙な感動を覚えた。「九十六歳」の老人が「若者のグループ」に襲いかかるとは、未来に対するあまりにも率直な遺言、いや、意思表明ではないか。「逆に袋だたき」にされた彼は明日への希望と絶望にまみれて死んでいったのだ。私はこれを一種の尊厳死と思うのだが、記事の内容から同様に感じる人は少ないだろう。日常的な感覚では、どうみても非業の死に思えてしまう。この人の意識は真面目すぎて過激、まとも過ぎて変。つまり、あまりにも文学的なのだ。

中高生の私が愛読していた頃、筒井康隆の作品は、はちゃめちゃでシュールな異次元の物語のように感じられた。だが、基本的な方向性は変わっていないにも拘わらず、近年の筒井作品はどんなに滅茶苦茶を書いているようにみえても、それがほんの鼻先にある未来の「この世界」を描いているように思える。現実世界の側が筒井ワールドに追いついてきたということだろう。

政府が七十歳以上の国民に殺し合いをさせるシルバー・バトルの模様を描いた『銀齢の果て』（タイトルは映画『銀嶺の果て』のもじりだろうか）にもまた、そのような印象が強い。本作の場合は、登場人物の名前もその理由のひとつになっているかもしれない。この物語の中で生き残りをかけて殺し合うのは、「宇谷九一郎」「正宗忠蔵」「猿谷甚一」「越谷婦美子」「江田島松二郎」「黒崎しのぶ」「篠原千鶴子」といった人々なのだ。どうみても、遥かな未来の老人たちの名前ではない。これはもう「今」という感じだ。

本書を読み進めながら、「はちゃめちゃでシュール」から一貫する過激さは、単なる思いつきや空想の産物などではなく、圧倒的な現実直視の果てに生まれたものであることを痛感する。例えば、登場人物のひとりにこんな台詞がある。

言っておくが、たとえわしがあんたにやられても、とどめは刺さないで貰いたい。せっかく生きてきたんだから、人間が死ぬ時の、断末魔の苦しみというものをたっぷり味わって死にたいのだ。

我々の日常感覚からすると異常とも思える発言だが、その背後に最後の最後まで現実世界を真っ正面から見据えたい、という願いがあることがわかる。人間の主体性への希望を込めた意思において、冒頭に掲げた死亡記事に通じるものを感じる。

この心に支えられた眼差しがあって初めて可能となった描写の数々に眼が吸い寄せられる。

七十歳を過ぎれば性欲が衰えるのではないかと、その若い妻のためにも心配していたのだが杞憂であった。若い頃はただ闇雲に、勢いよく放出していたものが、歳をとるにつれて輸精管を通過する精液の速度が弱まったためか、絶頂の時間が長く続くようになり、その甘美さはたとえようもなく、夢のようであった。

「死ぬ前にいくら旨いもの食べたって、味などわからんだろうと思っていたが、こんなに旨いとはなあ」

鮮血が津幡の手に飛んだ。それは思いがけず、煮えたぎっているような熱さだった。

「あちちちちちち」津幡は思わず手を振った。梅子の血がこれほど熱いとは思っていなかったのだ。

年をとってからの射精の心地よさ、死ぬ前に食べるものの旨さ、血の熱さ。いずれも命の根本に拘わる貴重な「情報」だ。にも拘わらず、作中でも「時代劇で、よく返り血を浴びるシーンが出てくるが、血がこんなに熱いという表現は今まで一回もなかったぞ」と記されているように、日常的にはほとんど目にすることがない。社会的心理的な理由によって何重にも隠蔽(いんぺい)されているのである。知りたい。でも、知るのが怖い。でも、知らないままで死ぬのは嫌。そんな「情報」が頁(ページ)をめくるごとに次々目に飛び込んでくる。私はそれらをくるくると何度も読み返してしまう。隠された「情報」の味わいはたまらないものがある。

シュールとリアルの境界線にあるような「人間の叫び」もまた、そのような「情報」の一種だろう。

「らっしゃあももんが」わけのわからぬ裏声の悲鳴をあげて、男は尻餅(しりもち)をついた。

「ほにゃらいけんか」

わけのわからないことを喚き、彼は一発発射した。

「かんくらいってんいてててててて」神父は礼拝堂の高い天井いっぱいに喚き声を響き渡らせた。

いずれも誇張されているようにみえつつ、本当の極限状況には、人間はこんな分類不能な音を出すのかもしれないと思わされる。

本作において、老人たちが根本的な誇りを失わないまま戦い続けることが、現実直視の果てに残された唯一の「夢」なのかもしれない。彼らの武器は過去の人生そのものだ。元自衛官はライフルで、元薬剤師は薬で、元大学教授は知恵で、元鯨打ちは銛で、元女優は魅力で、元動物園園丁は象で生き残りを目指す。

反捕鯨運動が盛んになり、ついに商業捕鯨が禁止されてしまった。銛打ち頭の蓼俊太郎は失職した。銛打ち以外に何の技能も持たなかったからだ。しかし、と、俊太郎は思う。銛打ちとしては名人級だった。打てば必ず鯨に命中し、ドンガラはなかった。そんなわしに銛を打つなというのは、死ねというのと同じことだ。世界の潮流がわしに死ねと言うたのだ。そして今度は本当に死ねと言う。そうかそうか。そんなにわしは、この世界にとって余計者なのか。（略）今や年金にも所得税がかけられ、老年者控除もなくなり、個人住民税までかかる時代となった。いかにつつましい生活も許さぬと言うのならしかたがない。死んでやろう。最後に銛を打って、鯨ならぬ人間を殺して死んでやろう。

わしの武器は団五郎しかない。バトル二十五日目にしてやっと、もと動物園園丁、山添菊松はそう心に決めた。暴力団員が持ってきた武器、拳銃（けんじゅう）や手榴弾（しゅりゅうだん）を買う金はなく、手持ちの武器らしきものは包丁と金槌（かなづち）と金属バットだけであり、そんなものでは町内に何人かいるらしい銃器購入者に太刀打ちできるわけがない。（略）インド象の癖に結構気が荒い団五郎も、わしには柔順だった。この間行った時もわしのことを憶えていた。ああ可愛（かわい）や象の団五郎。あいつを連れ出し、あいつの背中に乗って戦うしかあるまい。

それぞれの生のアイデンティティを賭（か）けた闘いは、「この世界」への異議申し立てでありつつ、同時に「夢」の波動に充ちたエンタテインメントにもなっている。笑いながら読めるのだ。

# 詩の秘密の在処(ありか)

谷川俊太郎『風穴をあける』(角川文庫)解説

谷川俊太郎さんのエッセイや散文を自然に楽しむことができない。それぞれの文章のテーマが何であるかに拘(かか)わらず、妙にわくわくして、変に緊張してしまう。そこに彼の能力の秘密が書かれているかもしれない、と期待するからだ。

彼の能力とは、「詩の最初の一行か、少なくとも数行のうちに、老若男女の幅広い読み手の気持ちを等しく摑(つか)み、誰ひとり脱落させることなく最後の一行まで連れて行って、読み終わったあとに、凄(すご)いなあ、目の前の世界が違ってみえる、と全員に感じさせる」というものだ。

一度でも詩を書いてみたことのある人ならわかるだろう。これは人間業(わざ)とは思えない。もしも谷川さんがいなければ、現代の日本ではそんなことは不可能ではないか、と疑ってしまうところだ。

だが、谷川俊太郎は実在する。他の誰にもできなくても、彼だけはこの離れ業を何十年にもわたって何度も繰り返してきた。おかげで私たちは、それが夢ではないことを知っている。

でも、何故そんなことができるのかはわからない。現にその力が発揮された結果（つまり谷川さんの詩）をいくら眺めてもわからない。それを読み終わって思うのは、ただ、凄いなあ、目の前の世界が違ってみえる……、はっと気づいて、ふるふるとあたまを振る。いかん、これじゃ、みんなと同じ、いつもと同じだ。そうじゃなくて、もっと冷静に秘密を探らなくては。

詩は現物であり過ぎて逆にわからないのかもしれない。モーツァルトの音楽をいくらきいても、何故そんなものが生まれたのかは絶対にわからないではないか。でも散文なら、と思う。詩とは異なる原理で書かれた散文を読むことで、逆に詩の秘密が何かわかるんじゃないか。谷川さんの文章に向かう時、私はそういう邪念を抑えることができないのだ。

ところが、本書を実際に読んでみて驚いた。

私の邪念に応えてくれるような文章が次々にみつかるではないか。「書くこと」「なぜ『詩』を選ぶか」「声としての詩」「風穴をあける」など、詩の秘密に関わるようなテーマが多いのだ。考えてみれば当然なのかもしれない。私が知りたいようなことは、みんなだって訊きたいに決まっている。谷川さんのところには、日本中からそういう原稿依頼が集まってくるのだ。

例えばそこに、「詩はもっと無責任なものだ、それは基本的にアノニムであっていい、個よりももっと広く深い世界に詩は属している」とある。お、秘密の一端が、とその言葉の横に線を引きながら、でも、と思う。これは事実としても、詩の泉に素手で触れ、口をつけることができるのは選ばれた「個」ではないか。それはどうして、どうやって？

谷川さん自身もその理由を知りたいとさえ思っているようだ。そして、明晰で率直な語り口の散文はそのためのツールとしても意識されている。

> 意味を正確に伝達するだけなら詩は散文にかなわない、メロディやリズムということになると詩は音楽にかなわない、イメージのもつ情報量を比べれば詩は映像にかなわない。
>
> でも詩にはそのすべてを総合できる強みがある。それはやはり言葉のもつ力だね。実際には存在しないものを幻のように出現させる力、心のもっとも深いところを揺り動かすことのできる力。そういう言葉はぼくの考えでは、意識からは出てこない。理詰めでは出てこない、言葉のない世界、人間の意識下の世界から出てくる。

このような文章はとてもわかりやすく、散文的な論理に従っているように見える。でもよく読むと微かな違和感を覚える。「総合できる強み」＝「言葉のもつ力」と云いつつ、その説明が「実際には存在しないものを幻のように出現させる力、心のもっとも深いところを揺り動かすことのできる力」となっている。これらは確かに詩の「言葉のもつ力」だろうけど、でも必ずしも固有のものではない。「散文」や「音楽」や「映像」にだって同じ力はあるんじゃないか。これは「でも詩にはそのすべてを総合できる強みがある」から展開した流れを完全に受けきった説明とは云えないだろう。「総合できる強み」の本質が充分に語られないまま、話がシフトしている。私はその秘密こそが知りたいのに。

ポイントは「それはやはり言葉のもつ力だね」という一文だと思う。この微妙な口調の変化をきっかけとして、散文的な論理を超えたニュアンスが生まれている。文章自体が「理詰めでは出てこない」領域に流れ込んでいるようなのだ。私が忍者なら、この一文を目にした瞬間に「いかん！」と叫んで自分の太股(ふともも)に短刀を突き立てるところだ。そうしないと、詩の術中におちてしまう。

いや、勿論(もちろん)、谷川さん本人には術をかけるつもりはまったくないのだ。だって、これは詩じゃなくて散文なんだから。詩的な力をなるべく抑制して散文の論理に丁寧に従おうとしているのがわかる。それにも拘わらず、この文章全体を読んだ時の、老若男女の誰ひとり逃がさないような運びの完璧さは紛れもない。

たぶん言葉の流れの中で自然にそうなってしまうのだろう。「かなわない」「力」「出てこない」の繰り返しが生み出すリズム。散文の肉と皮を破って今にも凶暴な詩が飛び出してきそうな波動。なんてことだ。もしこれが本当に詩だったら（?）と思って、ぞっとする。

本書の後半のさまざまな「人」についての文章では、この力はさらに増している。

永瀬さんは筆まめだった。よく手紙をいただいた。書いてあるのはいつも自分のことばかり、永瀬さんは懸命に自分を生きていた。女だから男よりももっと懸命に自分を生きなければならなかった。そのしぶきが他人にふりかかることもあったろう。だがその懸命な生きかたこそが、永瀬さんの書く言葉を詩に変えた。魔法のように見えるかもしれないが、それは魔法ではない。

先の引用に比べてこちらは論理的な流れを通すための文章ではない。そのために詩的な力はさらに強まっている。忍者ポイントな一文は「そのしぶきが他人にふりかかることもあったろう」だ。こう書かれた瞬間に、比喩に過ぎないはずの「しぶき」がありありと目に映るようで怖ろしい。これを読んでしまうと、私にはもはや「永瀬さん」がそういう人としか思えなくなる。

そして最後の「武満徹」のパートには、とうとう本物の（？）詩が現れる。全開にされたその力を浴びる。

白い大きい五線譜の片隅
音は涌き始めていた

孑孑（ぼうふら）のように

凄い。音の生まれる瞬間を完璧に捉（とら）えている。「孑孑」は音符の見立てであると同時に生命体としての音を表している。いや、しかし、どんなに凄くても人間の言葉である以上「完璧」なはずはない。これは優れた言語感覚と深い友情と反人間的な非情さによって作り出された強力な幻なのだ。でも……

かつて私は武満の書く譜面をそう描写した、そのソネットは次のように結ばれる。

白い大きい沈黙の片隅
音は涌き始めていた
星雲のように　遠く

「孑孑」と「星雲」の距離の遥（はる）かさに気が遠くなる。でも、音符という「孑孑」の背後には確かに「星雲」が渦巻いている。ふたつは臍（へそ）の緒（お）で繋（つな）がっている。これを読んでしまうと、そうとしか思えない。言葉の生み出すイメージに、どうしても抗（あらが）えない。太股に短刀をぐさぐさ突き立てても、もう夢は覚めない。ああああ、凄いなあ、目の前の世界が違ってみえる。

# 夢のようにリアル

三浦しをん『秘密の花園』（新潮文庫）解説

漫画や小説の「女子校もの」が好きだ。『櫻(さくら)の園』（吉田秋生）、『アリスにお願い』（岩館真理子）、『ｂｌｕｅ』（魚喃キリコ）、『翔(と)びなさい、と星が言う』（片岡義男）、『緑衣の牙』（竹本健治）、『ヘビイチゴ・サナトリウム』（ほしおさなえ）等々、優れた「女子校もの」には外の世界の風に触れたらたちまち壊れてしまいそうな夢が描かれていてどきどきする。思春期の少女だけを集めた特殊空間に浮かぶ、泡のように儚(はかな)くても濃密な夢。

三浦しをんの『秘密の花園』はこの流れの中にあって、とびきりの夢を抽出することに成功した「女子校もの」の傑作である。

だが、少女の夢とはいったい何なのだろう。その正体は？　ふわふわした憧れのようなものだろうか。

私たちはまるで、言葉を知ったばかりの幼児のように「どうして、どうして」と繰り返す。どうして夕焼けは血の色をしているの。どうして私たちは体液を分泌(ぶんぴつ)するの。どうして拒絶と許容の狭間で揺れ動く精神を持って生まれたの。

一見するとエキセントリックな叫びのように思えるが、三つの「どうして」はそれぞれ〈世界〉と〈体〉と〈心〉についての根源的な問いかけだ。ふわふわした憧れどころか、生存の本質に触れる熱いリアルの塊ではないか。

だが、現実社会という「外の世界」ではこのような問いかけは通用しない。答が与えられないどころか、初めからなかったことにされてしまうのだ。あまりにも純粋で切実な想いは現実社会の中では夢のようにみえる、という逆説がここにはある。

私たちひとりひとりの記憶を遡れば、このような「どうして」を一度も胸に抱かなかった者はないだろう。だが、誰もが時の流れの中でいつしかリアリティのない「外の世界」の住人になることを余儀なくされてゆく。燃えるような「どうして」を、吹き零れそうな熱い夢を、ずっと胸に抱いていられるのは天才か少女だけだ。

「外の世界」の尺度で計るなら、那由多、淑子、翠という本書の三人の主人公たちは全員夢に取り憑かれて狂った生物だ。そんな生物からは一瞬も目を離すことができないと思う。

八〇年代にアイドルの岡田有希子がビルから飛び下りた時、連鎖反応のように各地の屋上から少女たちが次々に飛んで社会問題になったことがあった。

ひとりひとりの気持ちがどうだったのかは知りようがないのだが、「外の世界」の人間には決して理解できない、おそらくはそこから何光年も隔たった理由で、自分だけの夢＝リアリティを抱いて彼女たちは「飛ぶ」のだろう。『翔びなさい、と星が言う』のだ。

本書の少女たちもまた「飛ぶ」。ビルの屋上から垂直にではなく、日常の中を水平に「飛ぶ」のである。

それは痴漢のペニスをカッターで切ること。
存在しない兄の名前を呼ぶこと。
教師と恋に落ちること。
脅迫手紙を書くこと。
失踪すること。

感度のいい文章によって、物事の大小や対人関係の遠近感が狂っている感じが見事に表現されている。いや、「狂っている」というのは、現実的、大人的、一般的な物差しで計ってということであって、本当は「正確すぎる」のだ。

駅のホームでは、みんなが静かに同じものを待っている。

その茶には、私の唾液（だえき）が少しは混じっているだろう。

洗濯ばさみのたくさんついた輪。毎日使うものなのに、その名前を知らない。これはなんという道具なのだろう。

日常の細部に対する異様な集中力と違和感、これは異星人の眼差しだと思う。フォーカスが精密すぎて人間の生存のためにはむしろ不都合だろう。こんな感覚の持ち主が学校のような場所に詰め込まれて他者と触れ合うところを想像しただけで怖ろしい。

彼女たちにとっては、友達の瞬きのひとつひとつ、自らの呼吸のひとつひとつが、命懸けの「事件」になってしまうだろう。運命と自意識の三面鏡のような三人の関係がその感覚を増幅する。

最初から、那由多だけは特別だった。一目惚れや運命の相手なんて信じはしないが、この学校の桜の木の下で彼女に初めて会ったとき、悟った。生きているかぎり、那由多にとらわれつづけていく。

なゆちゃんは、たとえば私と中谷さんの葬式が同じ日にあったとして、絶対に私の葬式には来ないだろう。

新しい箱船には翠も乗っているだろうか。

このような独白を見る時、純粋な想いというもののどうしようもなさを痛感させられる。これに比べれば「外の世界」の恋っていうのはもっと全然どうしようも「ある」ものだなあ、などとおかしなことを考えたりもする。

最後に『秘密の花園』の特性を端的に示す作中の老教師の言葉を引いておく。

学校っていうのは不思議なところだねえ。僕はこんなに年をとってしまったのに、生徒たちはいつまでも若いままだ。いつだって十代のまま、笑ったり泣いたりしている。ほら今年も、あと数日したらまた新しく生徒たちが入ってくる。そして時が来たら去っていく。永遠にその繰り返しだ。

勿論（もちろん）、個としての生徒は教師と同じように年をとる。彼が見ているものは種（しゅ）としての少女の「永遠」性なのだ。

# 〈私〉は生きてる

山川彌千枝『薔薇は生きてる』（創英社）解説

七十五年以上前に詠まれた山川彌千枝さんの短歌を、今読んでも、その新鮮さに驚かされる。作者の心が純粋だったからとか病気だったからとか、そういう生身の理由づけに頼らずに、実際の言葉にあたりながら、この魅力の理由を考えてみたい。何故、彼女の歌のなかの「ばら」や「鳥」や「空」は、こんなにも生き生きと感じられるのだろう。

美しいばらさわって見る、つやつやとつめたかった。ばらは生きてる

最後の「ばらは生きてる」に、はっとするような鮮やかさがある。その印象を生みだしているのは、直前に置かれた「つめたかった」だろう。もしも〈私〉の指が「つめたかった」ら、触ってみても「ばら」の冷たさはわからない。「ばら」の冷たさがわかるのは、〈私〉の指が温かいからだ。この歌を読む者は無意識のうちに、「つめたかった」の背後に〈私〉の指の温もりを感受するのだと思う。「ばらは生きてる」とは「〈私〉は生きてる」の痛切な裏返しなのである。

ほそいしんの鉛筆で書くきもちよさ細いきれいな線が出てくる

結句「線が出てくる」の「出てくる」が素晴らしい。実際には、〈私〉が自分の意志で「鉛筆」を動かしているにも拘わらず、このように表現されることで、まるで「線」自体が生きているように感じられる。作者の歌世界においては、「ばら」だけではなく、「鉛筆」の「線」も「生きてる」のだ。「ばら」の歌と同様に、読者は「線が出てくる」の背後に貼りついた「〈私〉は生きてる」の手触りを感じ取ることができる。

落ちるよにすばやく鳥の大空を斜めに飛んでゆくすばらしさ

「すばらしさ」の実感を支えているのは、初句の「落ちるよに」だと思う。一般的な感覚では、鳥が「大空」をゆうゆうと飛んでいくことがすばらしいのではないか。だが、もしもこの歌が、そのように詠われていたらどうだろう。誰もがあたまのなかでイメージする光景を言葉でなぞっているだけ、ということにならないだろうか。一方、「落ちるよに」には、或る日、或るとき、確かにそんな「鳥」をみたという臨場感が宿っている。この危うさを伴った意外性こそが、「すばらしさ」に生き生きとした感覚を与えているのだ。

「生きてる」ものは温かい。ゆうゆうと飛んでいくことが素晴らしい。そのような一般的なイメージや先入観に囚われない感覚が、山川さんの歌には溢れている。「つめたかった」からこそ「生きてる」、「落ちるよに」飛んでゆくからこそ素晴らしい、そんな詩的な逆転性が、対象となる生命の本質を捉える力になっているのだ。もう少し例を挙げてみよう。

はきたる血、目の前にして看護婦のおどろいた顔じっと見つめる

血を吐くような非常事態においては、普通は自分自身がいちばん驚いてその血を見るものではないか。ところが、一首のなかで〈私〉が「じっと見つめる」のは「看護婦のおどろいた顔」のほうなのだ。この意外性のなかに、胸を締め付けられるような愛の希求の切実感を覚える。

手風琴ひいてる兄のあごやわらかそう、真面目な顔して音をさぐってる

楽器を弾く人を前にしたら、普通はまず音を意識するものだろう。だが、〈私〉はアコーディオンを「ひいてる兄のあご」を見て、「やわらかそう」と感じている。聴覚ではなく、視覚と触覚を働かせているわけだ。またこの描写には、人間の「あご」は硬い

もの、という先入観を覆す発見が含まれている。このように書かれた作品は直接的に音を描写する以上の臨場感を獲得している。

先生の聴診器がゴムくさい、カーネーションの花がゆれている

「聴診器」からの一般的連想は、例えば、黒いとかひんやり冷たいなどであろう。だが、〈私〉の感覚では「ゴムくさい」のだ。視覚でも触覚でもなく嗅覚の描写。「聴診器」を胸に当てられながら、〈私〉は「カーネーションの花がゆれている」のをみているのだろうか。この二点の把握によって、直接には全く描かれていないにも拘わらず、この病室に生きている〈私〉自身の存在感が息づいているようだ。

空の色がとんがってるようにまっさおだ空の色で冬の景色がわかる

「とんがってる」は一般的には鉛筆のしんのようなもののかたちを示す言葉である。それを「まっさお」という色彩の表現に結びつけたところがポイントになっている。一読して印象の鮮やかさに驚くが、いわゆる技巧的な工夫というよりも、心の動きに即応して言葉のカテゴリーが越境された結果生まれた表現なのだろう。

泣いたあとめがねをとって光に透かした、牛乳のように白い涙のあと

血を吐いた〈私〉、泣いた〈私〉、作者はそんな非常事態の自分自身を客観的にみつめる眼差しをもっている。吐いた血も零した涙も、現実の時の流れのなかでやがては消えてしまう運命にある。だが、「牛乳のように白い涙のあと」という発見は、このように作品化されることで、〈私〉が生きた証として永遠の生命をもつことになる。

ザックリと雪をふんだ、もうひと足、日に照る雪、見ながら、もひと足

「もうひと足」が結句では「もひと足」に変わっていることに胸をうたれる。これが両方「もうひと足」ではいけない。「もうひと足」から転じた「もひと足」の短い息遣いに、出せるか出せないかわからない次の「ひと足」への夢、すなわち明日という日に対する〈私〉のぎりぎりの希望が込められているのだ。

# 世界を裏返す手

平松洋子『世の中で一番おいしいのはつまみ食いである』（文春文庫）解説

『こねて、もんで、食べる日々』（単行本版のタイトル）の初版の帯には、こんな言葉が書いてある。

夏みかんをわしわしとむく。
ゆで卵の殻をくりっとはずす。
いなり寿司のお揚げ、そろり広げる。
「ローザー洋菓子店」のクッキー、ほろっと割る。
手がよろこんでいる。
知っていましたか。
手で料理すると、とびきりおいしいということを。

知りませんでした、包丁とか手とか足とか以前に、そもそも私は料理をしたことがないのです。「このひとはあまりにも何にも知らないから面白い」という理由で、『ベターホーム』とか『きょうの料理ビギナーズ』などの料理雑誌から原稿の依頼が来たくらいである。そんな私だからこそ、平松洋子さんの書かれるものを愛読していたのだ。あまりにも遠い憧れの世界。

だから、今回文庫の解説を依頼されてびっくりした。私のなかでは料理イコール冷蔵庫の開閉（つまりドアを開けてそこに食べられるものが入っていなければ「料理失敗」）なのに。書いていいのかなあ、書けるかなあ、と不安な気持ちで本書の頁を開く。と、ぐんぐん引き込まれてしまった。「面白い」や「おいしそう」や「へえ、そうなんだ」が満載。でも、それだけではない。その奥にまだなにかある。なんだろう。料理における手の実感と食べ物のおいしさの関係を突き詰めてゆくことで、本書には結果的にそれ以上の何かが書かれているような気がするのだ。

例えば「手でちぎる」「手で折る」「手ですくう」などと題された各章には、こんな言葉が繰り返し出てくる。

「この多様さこそキャベツの正体」
「きゅうりの、セロリの、アスパラの生身だ」
「ガスパチョのおいしさの本当なのだった」
「豆腐や青菜や玉ねぎや白玉のほんとうを指が感じ取ることがある」

ここで「正体」「生身」「本当」「ほんとう」という言葉で云い表されているものは、なんなのだろう。人間の手によって料理することで初めて「それ」が現れる、ということは、普段は隠されているのだ。「普段」っていうのは「包丁などを使って料理する世界」のことだろう。

平松さんはこう書いている。

「まな板があればいいというものではない。切れる包丁を持っていればいいというものでもない」

「包丁ではこうはいかない。だって、包丁で切るということは、むりやり均一にするということ。おもしろみを奪うということ」

ふーむ、と思う。

「手でつぶす」の章には、さらにこんな記述がみられる。

「大豆はね、こうやって親指とくすり指でつぶすのよ」

あらまあ、どうして。親指とひとさし指じゃあいけないの？　すると、イトさんは言ったものだ。

「だってあんた、くすり指にはちからが入らんもの」

自分の指でやってみると、よくわかる。たとえちからの入らないくすり指と親指でつぶしても、ふわっとらくにつぶれる。味噌を仕込むときの大豆は、それくらいやわらかく煮るのがちょうどいい。

「入らん」に傍点が付されているのは何故(なぜ)か。それが我々の常識に照らして意外な答だからだろう。「我々の常識」が支配する場所、つまり私たちの「普段」の世界には、ほとんど無意識のうちに、こんな順位づけがなされているのだ。

包丁 ＞ ちからの入る指 ＞ ちからの入らん指

「包丁」がいちばん偉くて「ちからの入らん指」は居場所のない世界。効率とか便利さとかに支配されたこのような世界の在り方に、平松さんはさり気なく異議を申し立てている。そのような世界観が全てではないのでは、と。そして、本書のなかでは新たな世界の可能性が提示される。

包丁 ＜ ちからの入る指 ＜ ちからの入らん指

よく切れる「包丁」よりも「ちからの入らん指」に光が当たる場所。具体的な事例をユーモラスに綴（つづ）っているから、読者はそのことの凄（すご）みを強く意識させられることはない。だが、実のところ、これはとても大胆で新鮮で危険なことだ。だって「我々の常識」的な世界を反転させてしまうのだから。

このような世界観へのアプローチは、次のようなかたちでもみることができる。

「なんか、手がよろこんでるよ」
「揉んで気持ちのいい豚肉というのがあるんですよ」
「揉むということは、つまり、身もふたもなく目の前の相手といっしょに馴染み合い溶け合う、そういうことなのだった」
「そのうち指は肉に吸いつき、肉は指に吸いつき、とうとう指と肉の境目は消えてしまった」

ここにみられるのは手が喜ぶという視点であり、料理する主体と料理される客体がひとつに溶け合うという感覚だ。その背後には、人間が素材を一方的効率的に「料理する」ことへの違和感があるのではないか。

人間　↓　素材

こんな一方通行への疑いから、本書においては、次のような双方向性への回路が開かれている。

　　人間 ⇅ 素材

やはり世界観に大きな転換が起きているのだ。

そういえば、と私は思い出す。本書を最初に読んだ時の印象は、この本は翻訳できないんじゃないか、というものだった。

「はたくのは、叩くとは違う」
「ぎゅうと握るのではない、ふんわり結ぶ」
「むしるのは、分ける、ちぎる、ほぐす、いずれともぜんぜん違う」
「おなじむくにもいろいろありまして、こするようにしてむくのは、こそげる。表面をごく薄く削り取るようにしてむき取るのは、へぐ」

これらを例えば英語にするのは容易ではないだろう。直接の理由としては言語間の語彙の違いというかズレが大きいわけだが、その根っこにあるものは、彼我の世界に対する姿勢というか感覚自体の違いではないか。そう考えると、翻訳困難の駄目押しのように、巻末に手の言葉集とも云える「手を読む」が置かれているのも、単なる思いつきではないとみえてくる。最も身近な手の喜びを見直すことによって我々が「普段」馴染んでいる欧米的な世界観を相対化する試みとして、本書を捉えることもできそうだ。

　楽しそうにキャベツをちぎったり、優しく大豆をつぶしたり、うっとりと豚肉を揉んだりしているうちに、いつの間にか世界全体を裏返してしまう。平松さんは、そんな危険な手の持ち主なのだ。

# 名付ければその名になるおまえ

俵万智『プーさんの鼻』（文春文庫）解説

『プーさんの鼻』の巻頭から二首目にこんな歌がある。

熊のように眠れそうだよ母さんはおまえに会える次の春まで

一読して、おっと思った。体の奥底から湧き上がる待ち遠しさが「熊のように眠れそう」という動物的な感覚によって表現されていて面白い。だが、それ以前に私は、作中の〈私〉がまだみぬ我が子を躊躇（ためら）いなく「おまえ」と呼んでいることに驚きというか、或（あ）る感慨を覚えたのだ。

これまでの歌集を繙（ひもと）くと、俵万智作品に現れる〈私〉は恋の相手からしばしば「おまえ」扱いされていることに気づく。

「おまえオレに言いたいことがあるだろう」決めつけられてそんな気もする

（『サラダ記念日』）

「おまえとは結婚できないよ」と言われやっぱり食べている朝ごはん
（『かぜのてのひら』）

年下の男に「おまえ」と呼ばれいてぬるきミルクのような幸せ（『チョコレート革命』）

一首目では、「『おまえオレに言いたいことがあるだろう』」という男性側の言葉の強さに対して、女性側の反応はどこかぼんやりしている。にも拘わらず、これを見て読者は本当に手強いのは女性の方だと直観するのではないか。男性のどこか勝手で子どもっぽい云い草に比して、「決めつけられてそんな気もする」という受容の仕方から器の大きさやタフさを感じ取るためだろう。

二首目の「やっぱり食べている朝ごはん」も常に日常に根ざしている〈私〉の強さを感じさせるし、三首目に至っては「年下の男」と〈私〉の真の力関係は明らかである。

俵さんと同年齢の私の目からみても、これらの歌に現れている男女の関係はやや古風というか、このタイプの男性は如何なものか、などと余計なことを思ったりもする。だが、仮にこれらの歌が次のようだったら、どうだろう。

「きみボクに言いたいことがあるでしょう」決めつけられてそんな気もする
〔改悪例〕

「あなたとは結婚できないよ」と言われやっぱり食べている朝ごはん
〔改悪例〕

年下の男に「あなた」と呼ばれいてぬるきミルクのような幸せ　〔改悪例〕

いずれも歌としての魅力や面白さが激減してしまうことがわかる。「ぬるきミルクのような幸せ」などは、これではまったく成立しない。つまり、これらの歌は「おまえ」という一語の持つ勝手さや強引さや馴れ馴れしさによって支えられているのだ。歌作りとしての作者は、そのことに対して極めて意識的だと思う。

『プーさんの鼻』の「あとがき」にはこんな言葉が記されている。

子どもの歌、恋の歌、家族の歌……。短歌は、私のなかから生まれるのではない、私と愛しい人とのあいだに生まれるのだ。

この「あいだに生まれる」ものを捉えるために、作者は「私」と「愛しい人」をはじめとする全関係者の扱いに心を配っている。ゆえに、一首の中で彼らをどのように呼ぶのか、また互いが互いをどう呼び合うのか、という点に敏感である。世界のほとんど全てが「吾」と「君」の間の関係性として捉えられていた最初期の作品から、それは俵作品の大きな特徴だった。

陽のあたる壁にもたれて座りおり平行線の吾と君の足　（『サラダ記念日』）

同じもの見つめていしに吾と君の何かが終ってゆく昼下がり　（『サラダ記念日』）

引用歌を含むデビュー連作「八月の朝」には、全五十首の中に「吾」が七回、「君」に至っては二十回も使用されている。

だが、「吾」と「君」だけで成立していた世界はやがて、〈私〉の成熟と共に複雑化することになった。恋の関係者が増えたのだ。

焼き肉とグラタンが好きという少女よ私はあなたのお父さんが好き　（『チョコレート革命』）

この歌の中には「少女」「私」「あなた」「お父さん」が複雑かつ完璧な組み合わせで現れている。さらには「焼き肉とグラタン」をつくってくれる人＝「お母さん」の存在までが暗示されているのだが、ここではその姿が表面に出ないことが短歌的に最適という作者の判断が働いているのだろう。一首に込められた登場人物全員の関係性と心理を受け止めることで、読者は超短編ホラー小説を読んでしまったような気分になる。

『プーさんの鼻』の「おまえ」に話を戻すと、このように複雑化していた「私」と「愛しい人」との関係性が、ここに至って一気にシンプルになっている。そのことに新鮮な驚きを感じたのだ。

2キロ入りのあきたこまちをカゴに入れこれがおまえの重さかと思う

すでにおまえは一つのいのち日曜の朝の六時に動きはじめる

紅葉の見ごろ予想を眺めおりそのころおまえはこの世の人か

前屈(まえかが)みになりて校正続ければぐいとおまえはかかとつっぱる

海底を走る列車の音がする深夜おまえの心音を聞く

未だ見ぬ「おまえ」だけが〈私〉の心を占めている世界。だが、この幸福な単純さは永遠に続くわけではない。「おまえ」の誕生をもって、具体的には次の一首を最後に、冒頭の大連作「プーさんの鼻」からは「おまえ」の一語が完全に消えている（後半の連作においてまた新たなニュアンスを伴って現れることになる）。

とりかえしつかないことの第一歩　名付ければその名になるおまえ

そして、「おまえ」と入れ替わるように、「吾子」「みどりご」「おさなご」「坊や」「むすこ」など実にさまざまな呼び名が彼には与えられている。

長い夜を吾子と漂い時おりは右の目やにをぬぐってやりぬ

みどりごの眠りは深し口もとのガーゼかすかに震わせながら
おさなごの指を押さえてこの淡き小さき世界のふち切り落とす
葉桜のみどりにすいと手を伸ばす坊やいつまで私の坊や
私から生まれ私に似ているが私ではない私のむすこ

とりかえしのつかない「名付け」によって、この世界に新たな時間が流れ出して、「私」と「愛しい人」との関係が再び動き始めたのである。

# 「本当のところ」の味

上原隆『にじんだ星をかぞえて』(朝日文庫)解説

子供の頃は、簡単に幸せになれた。

夏休みに海に連れて行って貰(もら)ったり、欲しかったおもちゃを買って貰っただけで、「完全な幸福」を感じることができた。

ところが、年をとるにつれて徐々に状況が変わってきた。

健康・家族・お金・恋愛・仕事など、自分を取り巻く要素のどれかひとつにでもネガティブな問題があると、他が大体うまくいっていても、それだけで不安だったり、暗い気持ちになったりする。

しかし、全てが順調なんて、そうそうあることではない。大人の自分にとって「完全な幸福」とは遥(はる)かな夢だ。

でも、じゃあ、なんのためにみんな大人になるんだろう。

そんなことを思いながら、駅前で待ち合わせている人々やレストランで食事をしている人々を眺めると、不思議な気持ちになる。愉快そうに笑っている。ハグし合っている。次の休みの予定を語り合っている。なんだか楽しそうなのだ。

実際に自分が旅先の宿の予約をしようとすると、既にびっしり埋まっていたりもする。みんなけっこう前向きに楽しんでるんだなあ、と思って舌を巻く。

不況とか格差社会とか云われながらも、誰もがそれなりに強く明るく暮らしているようで、なんだか騙された気持ちになる。それとも、表面上そうみえるだけなのか。みんなそれぞれの不安や焦りや苦痛を隠して日々を生きているのだろうか。

日常の風景は奇妙な滑らかさに覆われていて、いくら目を凝らしても、ひとりひとりの生の実相を読み取ることができない。かといって、テレビや雑誌を見ると、ますますよくわからなくなる。

みんなの人生の本当のところはどうなんだろう。

『にじんだ星をかぞえて』は、この疑問に答えてくれる。作者は外から眺めていても決してわからないひとりひとりの人生と心に分け入って、そこで掴んだものを読者に手渡してくれるのだ。

「ドキュメンタリーとかであるでしょう」もりが腕を組み、前を見て話す。「難病の夫を支える妻とか、ああいうのを観ると、私、逃げたんだなって思うんです」

（「記憶だけで生きてる」）

発言者は難病の恋人と別れた過去をもっている。そして、そのことを今も気にしているのだ。「私、逃げたんだなって思うんです」という言葉に、読者である私は引き込まれる。

「ドキュメンクリー」は、逃げなかった側の人生しか映し出さない。だが、逃げた側にも人生はある。いや、そもそも逃げなかったとか逃げたとかっていう分類は、本当に正しいのか。

「この歳になれば、みんな結婚して子育てして、ちゃんとした生活送ってるのに、そういう枠の外側にいるのかなって」

もりは家にいる時はほとんどひとり、散歩する時もひとり、書道教室に通うのもひとり、もちろん短歌をつくっている時もひとりだ。でも生まれてくるのは恋の歌ばかり。

「記憶だけで生きてる感じがします」彼女がぽつんといった。

生身の人間は「ドキュメンタリー」の外側で生きている。その生の意味とは、誰が決めたのかもわからない「ちゃんとした生活」という「枠」を越えたものではないのか。

「なぜかシャンプーをしてる時に」もりがクスクス笑う。「いろんなこと思い出すんです」

この「シャンプー」に私は分類不能な生の手触りを感じる。

確かに、本書もまた一種の「ドキュメンタリー」には違いないだろう。だが、難病の恋人から逃げなかったとか逃げたとか、「ちゃんと」しているとかしていないとか、そのような分類や善悪の価値判断は一切保留にされている。その代わりに描かれるのが「シャンプー」のような細部の実感だ。

みんなの人生の本当のところはどうなんだろう、と私は思った。でも、人生における本当などは、どこにもないのかもしれない。強いて云うなら「シャンプー」のようなぎりぎりの手触りだけが「本当のところ」なのだ。

分類も分析もできないような「本当のところ」は、想像では決して書けないものだろう。それは作者が時間と言葉と勇気を使って摑み取った蜂蜜のように貴重な情報なのである。私は本書にぎっしりと詰まった「本当のところ」をぺろぺろと嘗めるように読んだ。

「おれのミスです。試合でミスが出るってことは毎日の練習とか生活とかに問題があるんです」

「生活ですか?」

「うん」嶋田がうなずく。「たとえば、このティッシュですけど」彼がテレビの横にある箱から一枚を引きちぎるように取るが、箱がついてくる。「毎日こんなふうに取ってるのと」、次は上からすっと取る。「こう取ってるのでは違うんです。いつでも心が水のように落ちついてなきゃ」（「あそこに帰りたい」）

手帳には日曜日から土曜日までの炊き出し場所が書かれてあった。たとえば火曜日、七時上野おにぎりとみそ汁。八時山谷ぶっかけ。十四時愛宣キリスト教会キムチ丼。二十時山谷おにぎり。毎日四カ所ぐらいで炊き出しがある。どん底に張られたセーフティーネットだ。

私は手帳を持ってコンビニエンスストアに行きコピーをとり、戻ってきて返した。広川は手帳を「ビッグイシュー」のように左手で掲げるとこういった。

「これさえあれば、金がなくなってもこわくない」（「金がなくてもこわくない」）

北村の体は男性だが心は女性だ。彼がこの問題で苦しみはじめた頃、「性同一性障害」などという言葉は知らなかった。（略）

精神科に通ったが、どうしたらいいかは教えてくれなかった。

「トイレでガソリンをかけたんです」北村がいう。

「性器にですか」私がきく。

「はい。せっぱつまって、燃えて溶けちゃえばいいと思って。ライターで火をつけたら爆発した。バーン。ガソリンが便器の下にたれてて引火したんです。馬鹿よね」北村が笑う。（「心は女性」）

どれをとっても意外性の魅力に溢（あふ）れている。「本当のところ」には、安易な感動を寄せつけない滑稽さや野蛮さや意味不明さが含まれていて、常にこちらの予測を超えた味がするのだ。人生を物語的な感動で説明されるのが嫌いな私は嘗めてみるまでわからないその味にときめきを憶（おぼ）えた。

本書を読んでいて、ひとつ気づかされたことがある。ひとりひとりの心の奥に眠っている「本当のところ」に触れるために、作者は取材の相手に最も「ききにくい」ことをきく努力をしている。

私には気になることがあった。きいていいものかどうか迷っていた。

思い切ってきいてみた。

彼女が三田クンを選んだのは彼が健常者だったからだろうか。

「さあ……」元気が言葉につまる。さかんに足先を靴下の上から握りしめている。

「わからない。彼女にきいたわけじゃないから」

しばらくして、こういった。

「親にはいいませんが、今でも時々は思います。なんでこんな体で生まれてきたたんやろって」

（「友だち」）

網本人にはきけなかったが、私には、どうしてもきいておきたいことがあった。「死についてどう考えていますか」

「白血病っていわれた時からずーっと考えてます」真由美がうつむいて話す。「今、彼といっしょにしとかなきゃいけないことがなにかあるんじゃないかって。でも、忙しさに流されて、ちゃんと考えてないんです。なにかあるんですよね……」

（「泣くことでしか耐えられない」）

「わからない」「ちゃんと考えてないんです」という彼らの言葉は、具体的な回答にはなっていない。だが、これらはぎりぎりの問いに対するぎりぎりの答であり、「……」の中にも、この世の生を煮詰めた「本当のところ」が詰まっていると思うのだ。

# 「あみ」と「ａｍｉ」

平岡あみ詩／宇野亜喜良絵『ａｍｉ』（ビリケン出版）解説

思春期と母が説明していますどうやらわたしのことのようです

短歌である。「どうやらわたしのことのようです」という他人事めいた口調の中に大人よりも大人びた眼差しが潜(ひそ)んでいる。この作品集には「母」という言葉が繰り返し出てくるのだが、「ママ」でも「お母さん」でもないところが印象的だ。

一方、離れて暮らしていて二カ月に一度しか会えない父親のことは、こんな風に描写されている。

サラ金の
取り立てみたいな姿で
赤い車から
父が降りてきます
　　　　　　　　（「お小遣い」）

お札手渡されて
援助交際と間違えられそう　（「焼肉とパフェ」）

冷ややかさの中に鋭い痛みの感覚がある。だが、それと同時に、「ママ」「パパ」と安心して甘えていられる女の子には持てない愛も、彼女の中にはあるんじゃないか。

朝食を抜いて出てきたという父がつがつ食べてはずかしいです

「はずかしいです」と云いつつ、ここには奇妙な愛が漂っている。「がつがつ」＝「朝食を抜いて出てきた」＝自分に会うため、であることをちゃんとわかっているのだ。他者の運命や限界を受け入れて、時に自分から何かを与えようとする彼女の愛は、父母をはじめとして祖母（「約束」）、祖父（「大きな家」）、先生（「これなんですか」）などにまで大きく注がれている。なんという少女だろう。

シャーペンより
えんぴつが
また好きになった

そんな時、誰かに話しかけられたら大変だ。途中まで積み上げかけた言葉が、がらがらと音を立てて崩れてしまう。ああ、もう。また最初からやり直しだ。

焦（あせ）りながら、東さんの方をちらっと見る。ベンチに座って、ぽやーん、としている。誰かに話しかけられても、苦にする風もなく穏やかに笑っている。あたまの中で言葉を組み立てている気配がない。あれで歌ができるんだろうか。ひとごとながら心配だ。

だが、作品提出の時刻が来ると、東さんのノートは文字で一杯だった。まさか、あれ、全部短歌？　こっちは一首つくるのが精一杯だったのに。彼女は、どれにしようかな、って選んでるじゃないか。私は唖然（あぜん）とした。

　とりもどすことのできない風船をああ遠いねえと最後まで見た
　鳩は首から海こぼしつつ歩みゆくみんな忘れてしまう眼をして
　遠くから来る自転車をさがしてた　春の陽、瞳、まぶしい、どなた
　永遠に忘れてしまう一日にレモン石鹸泡立てている

なんて力の抜けた、しかし、美しい歌たちなんだろう。ひとつひとつの言葉の連なりが淡い光を帯びているようだ。

私があたまの中で必死に言葉を組み立てている間、東さんはぽやーんとして、ベンチの手すりをこすったりしていた。言葉を探していたとは思えない。

でも、と考える。本当はあの間にも彼女の心にはぽたんぽたんと少しずつ詩の原液が溜まっていたんじゃないか。あとはそれを言葉で割るだけ、みたいな感じ。

そうとでも考えないと、あのような歌の生まれ方は説明がつかないのだ。彼女の歌にはその場で無理に組み立てたという痕跡がない。目の前の「風船」や「鳩」を詠っていても、込められた〈想い〉は心の中の長い時間を潜っているのだろう。

その後のつきあいの中で、東さんにとっての詩の原液たる〈想い〉は、彼女がいつも感じているらしい行き場のなさとかさみしさに関わっていることがわかってきた。

おねがいねって渡されているこの鍵をわたしは失くしてしまう気がする
中央線、南北線に東西線、どこへもゆけてどこへもゆかず
うずくまる猫たちうすく目を開けるどこでそんなにさびしくなったの
怒りつつ洗うお茶わんことごとく割れてさびしい　ごめんさびしい

何がそんなにさみしくて、何故そんなに行き場がないと思うのか。私にはわからない。でも、これは短歌だけのことではない。東さんはときおり意外なことを云い出した。「将来、山姥になりたい」とか、「あたまの毛が淋しいひとが好き」とか。そうですか、としか相槌の打ちようがない。だが、これらの奇妙な言葉もまた、突き詰めれば彼女の中の行き場のなさやさみしさとどこかで結びついていたのだろう。

『水銀灯が消えるまで』は東直子さんの初めての小説集だ。こんな風に始まっている。

＊

住む所がないんなら、あそこに住めばいいんじゃないですか、とすすめてくれたのは、長崎くんだった。そのやさしさに魅かれたのかというと、そんなことはない。むしろ、こんな物置みたいな所に住める女なんだと見くびられたような気がしたのだった。

しかし、わたしは住んだ。わたしは物置に住める女なのだった。

東さんらしいな、と思う。「わたし」は怒っているのか悲しんでいるのか、それとも意外に楽しんでいるのか。また「長崎くん」のことは好きなのか嫌いなのか。どうもわからない。

「怒りつつ洗うお茶わんことごとく割れてさびしい　ごめんさびしい」という短歌が怒りながらさみしがりながら謝っていたように、この文章に込められた気持ちもまたひとつに分類することができない。これは丸ごと味わうしかないものであり、そのようにすれば解放感にも似た不思議な旨味が広がる。この表現の「原液」もまた行き場のなさなく。

んだろう。

　そう思ってみてゆくと、この作品集には行き場のない人ばかりが出てくることに気づく。

「長崎くんの指」の「わたし」は、家出して遊園地の「物置」に住む女。

「アマレット」の「マリアさん」は、「父親のことも、母親のことも、生まれ育った田舎のことも、自分の名前も容姿も、すべてが嫌い」。

「道ばたさん」の「道ばたさん」は、記憶喪失の行き倒れ。

「横穴式」の「サヌマさん」は、失踪して遊園地内の洞窟住まい。その子供たちは出生届も出されていない。

「バタフライガーデン」の「わたし」は、「四十過ぎの無職、貯金ナシ」で妹の家に居候。同じく「岩山さん」は、「奥さんは、冷たく、中学生の娘さんは反抗期で、たいへん」。そんな「わたし」はそんな「岩山さん」に恋心を抱く。


　わたしはその目をまっすぐに見るのが照れくさくて、少し視線を上にそらせ、岩山さんの髪に目をやった。会うたびに、少しずつ淋しくなっていく気がするその頭髪の様子に、わたしは、なぜだか強く魅かれてしまう。

うーん。「あたまの毛が淋しいひとが好き」は、そのまま反映されているんだなあ。

　これらの登場人物はそれぞれの行き場を求めつつ、しかし、どこにも安住することができない。運命的な力によって、或(ある)いは自らの裡(うち)なる衝動によって、ときどきの居場所から脱出しつづけることになる。象徴的なのは、行き場のない彼らの居場所として存在していたはずの「コキリコ・ピクニックランド」が廃園になってしまうことだ。そこはもう誰の居場所でもあり得ない。彼らは永遠に行き場を求めて彷徨(さまよ)うことになる。でも、この残酷な自由さもまた作者の胸の奥にある望みなのかもしれない。

　物語の最後で「長崎くんの今」の「長崎くん」は、月光の注ぐ廃園に入り込み、立ったまま眠ってしまう。目覚めた時、彼は自分がこの世で得たはずの大切な居場所のことを、愛する家族のことを果たして覚えていられるのだろうか。

# 次のステップ

木地雅映子『悦楽の園』下巻（ポプラ文庫ピュアフル）解説

赤毛のアン・シリーズの中で、私は最初の一冊、つまり『赤毛のアン』だけを繰り返し読んだ。そこには夢見がちでエキセントリックで、生き生きとはみ出しながらぶっとんだ少女の姿が描かれている。

二作目の『アンの青春』以降でも勿論アンはアンなんだけど、少しずつ大人しくなって世界に馴染んでいって、やがて穏やかな幸福を手に入れてしまう。そうなると、勝手な読者としてはなんだか面白くないというか、裏切られたようで淋しいのだ。

アンの魂はどうやって世界と和解できたのか。わかるようでわからない。結局、アン自身が少しずつ「普通」になっていったから、「普通」の幸福が手に入ったってことなのでは、などと考える。でも、もしも最後まで「普通」になれなかったら、その人間はどうなってしまうのだろう。

現実の世界とうまく折り合いをつけられない少女を描いた名作は他にもある。漫画『バナナブレッドのプディング』（大島弓子）とか小説『旅の重さ』（素九鬼子）とか。でも、赤毛のアン・シリーズのように少女のその後が描かれているわけではない。これらの作品の中では、主人公の少女はいつまでも少女のまま。だからこそ、彼女たちは永遠に生き生きとぶっとんでいることができる。

云い換えると、そこには世界からはみ出したまま大人になるための具体的な道筋はまだ示されていないことになる。「普通」を超越するような、誰も見たことのない新しい幸福への「次のステップ」は描かれていないのだ。

ゆるやかに「普通」の大人に近づくか。永遠の子供に留まるか。どちらかしか道はないのだろうか、と私は疑問に思っていた。

そんな時、第三の道を描いた例外的な作品に出会った。木地雅映子の『悦楽の園』である。本書はデビュー作にしてはみ出し少女のバイブル的傑作『氷の海のガレオン』からなんと十四年後に現れた「次のステップ」だ。

自らを天才だと信じて疑わないひとりのむすめがありました。斉木杉子。十一歳。

——わたしのことです。（『氷の海のガレオン』）

こんな風に始まった前作が『バナナブレッドのプディング』や『旅の重さ』同様に、「凄い、でも、この続きは書かれないんだろうな」と感じさせるタイプの作品だっただけに、新作が出て正直驚いた。世界からはみ出す魂の純度が高ければ高いほど、「次のステップ」を描くのは難しく思われたのだ。これは私ひとりの感想ではなかったと思う。

例えば、二階堂奥歯はかつて次のように書いた。

この話の主人公「わたし」こと杉子（小学六年生）は、言葉が通じない世界で生き延びていくことができただろうかと考える。この本に収められたあと二つの短編それぞれの主人公である中学三年生と高校三年生の少女達は、はたしてその後何年生き延びていかれただろうと考える。


何不自由なく満ち足りたこの世界で私はなぜだか戦場にいるような気がします。

ほんの小さな失敗でもしたら私はここにいることを許されなくなってしまうような気がします。

挨拶はきっと複雑な合図で、それを間違えれば即座に虐殺されるような気がします。

私をかこむ隣人達の中に入っていくとき、砲弾の飛び交う中を進んでいく気がします。

時限爆弾を解体するかのように息をつめて仕事をします。

世間話をしながらも銃弾が耳を掠める音が聞こえます。

私の微笑みは自然に見えますか？　口の中には恐怖の味がします。

今日も生き延びた。でももうすぐ明日が来る。明日は生きていられるのかな。

でも、この人だって生き延びているのだ、生き延びて、二二歳で『氷の海のガレオン』を書いた。

木地雅映子がどのように生き延びたのか私は知りたかった。

まったく書いていないようだけど、どこかで生き延びているのなら、それを知りたかった。

その人は外国に住んでいたらしかった、昨年までは。

「昨年から、連絡がつかない状態です」。

三〇歳。三〇年生き延びたということ？

それとも、どこかでまだ生き延びているのですか。

それならどうか、その世界がそれほどおそろしくありませんように。

私はもう二五年生き延びました。

（『八木脚の蝶』）

しかし、木地雅映子は帰ってきた。ただ生き延びただけでなく、『悦楽の園』という新作と共に。その本を手に取った私はひどく緊張してしまった。読むのが怖いような気持ちだった。大丈夫か。世界と「普通」に和解してないだろうな。

結論から云うと、『悦楽の園』は傑作だった。『氷の海のガレオン』において哲学的な命題にも見えた主人公の苦しみを、より現実的な問題として捉え直すことで、前人未踏の「次のステップ」を踏み出せたのだと思う。

わたしねえ、子供の頃、学校でものすごーく浮いてる子でねえ。まわりの子たちとはぜんぜん話が合わなくて、『宇宙人』とか呼ばれて。（『悦楽の園』）

『悦楽の園』は、この世の「普通」からはみ出してしまった幼い戦士たちが、彼らを取り囲む世界の「普通」と戦って戦って戦い抜く。実にシリアスなエンタテインメントだ。主人公の年齢は十三歳と前作からそれほど成長しているわけではないが、周囲の現実に対する認識とアプローチが大きく変化している。「普通」を超越した世界への志向や具体的な戦略がはっきりと窺えるのだ。敵の姿が見えるようになった分、作中の戦いは一層生々しく激化している。

この物語を読むと、「普通」との戦いが「悪」との戦いよりも何千倍も厳しいことがよくわかる。「普通」との戦いにおいては、いつの間にかこちら側が「悪」にされてしまうからだ。誇張ではなく命を懸けた戦いである。

彼と出逢えなかったら多分、潰されてた……。できるはずのないことを日々、強制され続けるとね、子供ってものすごく消耗するのよ。持ってない脳機能を使えって、ないしっぽを動かせっていうのと同じくらい無茶な要求なの。でも学校も社会も、両親でさえもそれを求めてくる。がんばればできるはずだ、お前はちょっと努力が足りないだけだって、自分とは似ても似つかないモデルを示して。必死になってやったわ。みんなと同じになろうとして、それこそ血を吐くような努力をする。でも無理なのよ。みんなと同じにはなれないの。それで親に泣かれたりしようものなら、罪悪感と劣等感で気が狂いそうになる。生まれてこない方が良かったって、つくづく思う。わたしたちはなんとか生き延びたわ。でも、そういう子供が全員、生き残れるわけではない。

少年少女の魂の逸脱とは、種の未来に対応するための準備ではないか、と個人的には考えている。だが、未来はまだどこにも存在しない。目の前にあるのはいつも現在だ。そして、戦後の日本という島国においては、変化の乏しい現在に対する適応過剰が、状況にシンクロしすぎたコード＝「普通」を生み出したと思う。そのような「普通」は、まだ見ぬ明日の価値観を怖れ、生理的に強く反発する。そして、自分たちの未来の命綱である彼らを切ろうとするのだ。

あたしを退屈から、救い出してくれた人。遠い世界を垣間見せて、人生に意味を与えてくれた人。そしてこれから、それを望む人たちに、もっとたくさんの意味を、分け与えてあげられる人。

ちょっとやそっとの気苦労に怯えて、逃がしてたまるもんですか。あたしの王様、あたしの至福の人生、悦楽の園の主を。

前作における、家族と年上の例外的な人間だけが味方という状況が変化して、『悦楽の園』では、それが同世代の仲間と共に未来を守るために戦うという、眩しいイニシエーションになっていることに興奮させられる。

> きっと誰にでも、持って生まれたポジションってあるのよ。あんたが遠い世界を見晴かしている間、がら空きになる背中を守るのが、あたしの役目。大勢のみんなが、大勢だからって勝手に決めてしまったことで、あんたみたいな人間が苦しむことがないように、間に入るのが仕事なの。ある人が、あたしのことを『翻訳者』と呼んだわ。その意味が、あたし、すこぅし、わかり始めてきたところよ……。

激しい戦いの記録が、そのまま夢のように、リアルな愛と友情の物語になっている。十三歳の性欲をも直視した世界の純粋さに胸をうたれる。「次のステップ」を踏むことのなかった二階堂奥歯にも読んで欲しかった。

# 僕が君ならそんなことはしない

枡野浩一『結婚失格』（講談社文庫）特別寄稿

何年前のことだったか、枡野浩一さんから電話を貰ったことがある。面識のない相手にいきなり電話をしてくるのはなんとなく危ない人、と思っていた私は曖昧に話をして電話を切った。その後、お勧めの本を何冊も送って貰ったのだが、ありがたいというよりも、こわい気がしていっそう警戒してしまった。そういう距離感でコンタクトをとってくる人は、これまでにも何人かいた。だが、しばらく時間が経つと、皆、自然にこちらの視野から消えていった。

ところが、枡野浩一は消えなかった。

実は彼は「普通の人」で、その後仲良くなったというわけではない。「なんとなく危ない人」のまま、その存在感がどんどん増していったのだ。短歌という同じジャンルに関わっていることもあって、そんな彼のことが気になって仕方がない。

独特の価値観に基づく短歌や文章に加えて、特別に目を引かれたのは、彼自身の生身の動きである。枡野浩一の対人的な反応はあまりにも独特なのだ。

例えば、インターネット上のブログなどで批判を受けると、彼は相手が誰だろうと批判者の目の前に現れて（つまりネット上で直接）反論をするのである。

そんな物書きはみたことがない。いちいち反論していたら切りがないし、話をしたところでどうせ埒があかないのだ。消耗するだけ損だ。だが、枡野浩一はどこの誰だかわからない相手の前に現れて語り続けていた。

こんな話もきいた。

或る出版社のパーティでのこと。挨拶をする社長の目の前に彼はひとりで仁王立ちになって、スピーチの内容のひとつひとつに頷いたり首を捻ったりしていた、と。

そんな物書き、いや、大人はみたことがない。

「普通の人」はブログ上のどこかの誰かの批判なんて相手にしない。

「普通の人」は偉い人のパーティ・スピーチなんて適当に聞き流す。

そんなことは誰に教えられなくても、それまでに生きてきた時間の中でみんな自然に学ぶはずだろう。

枡野浩一は、いったいどういう時間を過ごしてきたのだろう。

そう思って呆れながら、しかし、素人の暴言にも出版社の社長のスピーチにも、同じように正面から反応し続ける彼の姿を見て、微妙な後ろめたさのようなものを覚える。

御飯を前にして「いただきます」と叫ぶ子供を見て、びくっとする大人の気分だ。

＊

枡野浩一のブログ日記に、私の本についての感想が載ったことがあった。

『現実入門』という本が好評らしいという話を受けて書かれた辛口のコメントの最後に、こんなフレーズが使われていた。

「ほんとにみんなこの本を？」

うーん、と私は思った。

「ほんとにみんなこの本を？」とは「ほんとにみんなこの本をいいと思ってるの？」の省略形だろう。

そして、これは『現実入門』のサブタイトルである「ほんとにみんなこんなことを？」をもじったフレーズでもある。

だが、「ほんとにみんなこんなことを？」を、そのままもじって書いたら「ほんとにみんなこんな本を？」となるところだろう。

そこを少しだけ変えてあるのだ。

「ほんとにみんなこんな本を？」

「ほんとにみんなこの本を？」

この差は大きい。

もじりとしての面白さというか強度が弱まることを知っていながら、彼は前者を捨てて後者を選んでいるのだ。

私自身に直接向けられた言動に限って云えば、枡野浩一はこの微妙で決定的な一線を決して踏み外さない。

こちらの体に向かって来るような球を何度も投げられて「デッドボールじゃないか」と思わず声を上げそうになる。が、内角ぎりぎりに入っているのだ。

「なんとなく危ない人」にみえる枡野浩一は、実は非常にコントロールのいい書き手であり、本人もデッドボールすれすれの発言について「わかっていて敢えてやっている」と主張することがある。確かに、論争のやりとりや現場の流れの中ではその通りなのだろう。

だが、その一方で私は、彼が根本的なところで「普通の人」の感覚をわかっていないと思う。いや、あたまではわかっていても、体感として理解できないというか、信じられないのだろう。だからこそ、彼は「どうして？　どうして？」と心の声を募らせながら、毎度毎度、丁寧な正論で執念深く相手を追いつめてゆくのではないか。

「普通の人」のひとりとして云うならば、我々の中には、オープンにできない／自分自身でも知りたくない欲望の塊がブラックボックスのように存在しているのだ。例えば、インターネット上の「普通の人」による乱暴な批判の多くは、本人の中の漠然とした不遇感や嫉妬に根ざしている。そのために、現に語られている言葉をどこまで根気強く遡(さかのぼ)っても、結局は出発点である「そこ」に行き着くだけだ。

枡野自身もそれを薄々わかっていながら、どうしても確かめずにはいられないらしい。たぶん、そのようなあり方自体が信じられないのだ。

また、枡野浩一が批判的な発言を投げている村上春樹が多くの「普通の人」に支持される理由について、私は春樹が読者のブラックボックスを開けることなく、世界をなめらかに回すことのできる天才だからだと思う。ハルキワールドに浸ることで、我々は自分の欲望に向き合うことなくいい気持ちになれるのだ。

おそらく、枡野浩一にとってはその「いい気持ち」が気持ち悪いのだろう。

彼には、オープンにできない／自分自身でも知りたくない欲望というものが極端に少ないのだと思う。枡野浩一の中にあるブラックボックスはとても小さいのだ。

そのために彼は捨て身の正直であり続けることができる。御飯を前に大人がひとりで「いただきます」と真顔で云い続けることの「異様さ」が彼には理解できない。

この違いが生み出すズレに対して、彼は「どうして？　どうして？」と云いながら挑み続ける。根気強く誠実に「普通の人」のブラックボックスを開けにかかるのだ。しかも、多くの場合、インターネット上でリアルタイムにその作業を行う。「パートナー」に選ばれた人間はたまったものではない。

その本気と誠実によって、彼の周りではいつも、他では見ることができないほどの虚(むな)しさと感動が混ざった光景が展開されることになる。

今回、「枡野さんと一緒に御仕事を」という話を戴いた時、ああ、ついに来たか、と思った。枡野浩一と較べれば、私の方がずっと欲望が強く、損が嫌いで、愛が少なく、つまり「普通の人」なのだ。やりにくい。

＊

担当編集者と枡野さんと私の三人が吉祥寺に集まって、最初の打ち合わせを行った。「枡野浩一の家に穂村弘が両者の共通の友人でありその愛情を奪い合っている長嶋有さんと一緒に夜中に遊びに行ってロデオボーイというダイエット用のマシンに三人で乗る」という企画が決まったところで、御飯を食べに行くことになった。

行きつけのカフェがあるんですけど、と云って枡野さんが説明を始める。

ま「とても感じのいい店で、でも、そこは食事が一種類しかないんです」

編「あ、ああ、いいですよ」

ま「ほんとにいいんですか？」

編「ええ」

ま「ほむらさんも？」

ほ「あ、ええ」

ま「大丈夫？」
ほ「ええ」
ま「一種類っていうのは魚で……」

枡野さんはそのカフェの食事がおいしいけど一種類しかないことを心配している。編集者も私もそれでまったく問題ないのだが、何故かそのことがうまく伝わらない。「まあ、だいたいそんな感じでいい」とか「別になんでもいい」とか「なんとなく曖昧にうまくことが運んで欲しい」と云った感覚が枡野浩一には理解できないのだ。

お勧めのカフェに向かって私たちはふわふわと歩き出す。

ふたりが前をゆき、私はその後からついていく。

枡野さんがしきりに編集者に話しかけている。

真剣な声が切れ切れに聞こえてくる。

「本当にいいんですか？」「魚しか」「おいしいけど量が少なめで」「もし、もっと」「別のところもありますよ」「でも、とってもいい店で一度は」「だいじょうぶ？」

くどいなあ。

わかってないなあ。

偉いなあ。

うざいなあ。

優しいなあ。
たまらんなあ。
僕が君ならそんなことはしない。
そんなことって「そんなこと」だ。
全部だよ。

# 時間差異能デュオ

高橋源一郎『ミヤザワケンジ・グレーテストヒッツ』（集英社文庫）解説

高橋源一郎の『ミヤザワケンジ・グレーテストヒッツ』をみたとき、宮澤賢治は「ひとりで一冊」なんだ、と思った。前作の『日本文学盛衰史』や『官能小説家』には、沢山の文豪たちが出てきたからだ。でも、その理由はなんとなくわかるような気がする。天才とか画期的な文学者とかは他にもいるだろうけど、宮澤賢治には誰ともちがった特別の印象がある、と思うのだ。単独の異能者めいた佇まい。そのせいか、彼の作品世界が文学史のなかにどう位置づけられるのかよくわからないし、他の本は読まないけど賢治だけは好きというファンなどもいそうだ。

そんな宮澤賢治の短歌を読んだことがある。

「青空の脚」といふもの
ふと過ぎたり
かなしからずや　青ぞらの脚

あはれ見よ月光うつる山の雪は
若き貴人の死蠟に似ずや

いずれも秀歌だが、これらの作に共通するのは、異様な感受性の穏やかな展開というどこか矛盾めいた印象だ。一首目では、「青空の脚」というおそらくは賢治の目にしかみえないものを感受していながら、その正体が突き詰められることはなく、「かなしからずや」という一般的な詠嘆に着地している。同様に二首目も、「月光うつる山の雪」が「若き貴人の死蠟」に似ているという感受の特異性が、伝統的な「あはれ」の一語に集約されている。異様な感受性が相応に異様な（？）表現上の展開をみせるに至らない理由のひとつは短歌という詩型の短さ、もうひとつはこの詩型の側から要請される「かなしからずや」「あはれ」という詠嘆のパターン化だろう。

そのためにこれらの条件のない自由詩や散文において、賢治の特別さはより際立つことになる。

こんなやみよののはらのなかをゆくときは
客車のまどはみんな水族館の窓になる
（乾いたでんしんばしらの列が
せはしく遷（うつ）つてゐるらしい

（「青森挽歌」）

きしやは銀河系の玲瓏レンズ
巨きな水素のりんごのなかをかけてゐる）

ここに異様な感受の自在な展開をみる。風土や科学や宗教や追悼や、さまざまな要素を混沌と含みつつ、しかし、それ以前に作者の心のアンテナがそもそも受信したであろう情報の凄さがびんびん迫ってくるのを感じてしまう。

個人的には、この唯一無二とも思える情報の受信能力こそが賢治の特別さを支えるポイントであるように思える。それを出力つまり作品化する過程で執拗に繰り返された推敲は、キャッチした情報の言語化の精度を上げるため、もしくはその後も受信され続ける続報（？）の反映という側面もあったのかもしれない。

「これらのわたくしのおはなしは、みんな林や野はらや鉄道線路やらで、虹や月あかりからもらってきたのです」という『注文の多い料理店』の序は、この受信性について率直に語られたものに思われる。

そして、高橋源一郎もまた、講談社文芸文庫版『ゴーストバスターズ　冒険小説』収録の「「ゴースト」の尻尾　著者から読者へ」という文章において、「他の小説家は知らないが、ぼくの場合、小説はいきなり、塊でやってくる」と述べている。これも受信型の表現者に特有の体感だろう。

ほんとうにもう、どうしてもこんなことがあるようでしかたないということを、わたくしはそのとおり書いたまでです。（略）なんのことだか、わけのわからないところもあるでしょうが、そんなところは、わたくしにもまた、わけがわからないのです。

（「『注文の多い料理店』序」）

なにも決まっていないのに、どうして書けるの？　そう思われるかもしれない。でも、大丈夫。いちばん大切なことは決まっているのである。それが「塊」だ。

（「「ゴースト」の尻尾　著者から読者へ」）

作者自身も介入できない次元に表現の源があって、そこから受信した情報が作品化される点において、ふたりの作家にはやはり共通性があるようだ。高橋源一郎はまたこうも書いている。

ぼくが小説を書く時、決まっていることがもう一つだけある。それがタイトル。なにがなくても、タイトルがなければ、なにも書きはじめられない。そして、そのタイトルの中にこそ「塊」の秘密が存在している。

（「「ゴースト」の尻尾　著者から読者へ」）

なるほど、と思う。『ミヤザワケンジ・グレーテストヒッツ』に収められているのは、一見したところ宮澤賢治の原作（？）とは似ても似つかぬ作品たちだ。でも、タイトルは同じなのである。同じタイトルから展開される世界像の違いが物語るものは何か。作者の資質の違いは当然反映するとして、それだけではないように思う。特異な受信能力を有する異能者同士であるからこそ、表現された世界像の違いをそのままふたりが生きている世界の違い、とみなすことができるんじゃないか。

「これらのわたくしのおはなしは、みんな林や野はらや鉄道線路やらで、虹や月あかりからもらってきたのです」と云いつつ、では、その「林」や「野はら」や「鉄道線路」や「虹」や「月あかり」自体が変わってしまったら、「おはなし」はどうなってしまうのだろう。

その答のひとつが『ミヤザワケンジ・グレーテストヒッツ』において示されている。これらは変わってしまった世界の「おはなし」ではないか。そのなかで動物や人間はどうなっているだろう。

「リス猿ねえ。すぐにノイローゼになるって聞いたけど」
「大丈夫です。うちには専門のカウンセラーがいますから」
「リス猿にカウンセリングするのかよ！」
「常識ですよ」

（「オッベルと象」）

本当に「常識」かどうかは知らない。が、随分前にペット用のリフレクソロジーの広告をみたことがあるからあり得ることだと思う。宮澤賢治の原作のなかで、人間に散々奉仕させられた「象」は痩せて、笑わなくなって、赤い竜の眼をして、「苦しいです。サンタマリア。」と云っていた。ペット用の「リス猿」は、その遥かな子孫ではないだろうか。

「お忘れですか？　それはネットワークだからできることなんです。あらゆるニーズに応えられるよう、くまなく張りめぐらされているからこそネットワークだといえるわけなんです」

（「オッベルと象」）

資本主義の究極型としての「ネットワーク」をこのように表現する時、それは宮澤賢治世界における「生態系を含む自然の摂理」の突然変異した子孫にもみえてくる。

マユちゃんが、授業中にもこっそり本を読んでいると、隣の席で、ずっと無言で口だけ「サトウエリ」と動かしているネネちゃん（それは「顔ヤセ」のマル秘テクニックなのだとネネちゃんは教えてくれた。「サトウエリコ」じゃないのと訊くと、「サトウエリ」でア・イ・ウ・エ・オが全部入っているからそれでいいの、口の周りの筋肉を完全に動かし続けることによって、顔が全体的にしまってくるのよねとネネちゃんはいった）が、やはり口だけ動かして「サトウエリ……オモシロイ？」と訊くのだった。

「オモシロイ」とマユちゃんはいうのだった。「すごく」

「サトウエリ……ナンノ役ニタツノ？」

「わからない」

「サトウエリ……コッチノ方ガタメニナルヨ」

「あたしは本でいいの」

「サトウエリ……小顔メイクヨリ小顔ニナッタ方ガハヤイワヨ……サトウエリ」

「アドヴァイスありがと。ネネちゃん」

「サトウエリ……イーエドウイタシマシテ……サトウエリ」

そうやって、マユちゃんは本を読み、ネネちゃんは「サトウエリ」と何万回も繰り返すのだった。（「ポラーノの広場」）

もしや、「ネネちゃん」の「サトウエリ」とは、宮澤賢治における「南無妙法蓮華経」の直系の子孫ではないか。勿論、両者はちがうと云えばあまりにもちがう、でも、どちらも切実に繰り返される祈りの言葉であることに変わりはない。

そのように考える時、宮澤賢治と高橋源一郎の作品世界が、なんというか、滅茶苦茶にズレながら、しかし、一周まわってハモっているように感じられるのだ。そのハーモニーの底には人間への深い悲しみと慈しみ、そしてぎりぎりの希望があると思う。

# オノマトペの詩人

山田芳裕『へうげもの』七服（講談社文庫）解説

私が選者をしている新聞の短歌欄に、以前こんな歌が投稿されてきた。

赤紙を手にせし時の心境に断ればいいのにと孫等の言へり　潮田 清

なるほどなあ、と思う。「お祖父ちゃん、赤紙がそんなに嫌だったなら断ればよかったのに」と孫たちに云われてしまったのだ。勿論、戦中の召集令状は簡単に嫌と断れるようなものではないだろう。「孫等」がまだ子供なのかもしれないけど、それにしても、時代の価値観とその強制力って、時間が経つとこんなにも伝わらなくなってしまうのか、と驚かされる。

そう云えば、赤紙どころか、バブル期のお洒落な洋服屋さんにおけるハウスマヌカンの怖ろしさを、現代の若者に説明することさえ難しい。「お金を払う側のお客がどうしてそんなにびくびくしながらお店に入らなくちゃならなかったんですか？」と訊かれても、時代の空気が変わってしまった今となっては、うまく説明することができないのだ。

だが、リアルタイムでその時々の「今」を生きている者にとっては、現に暮らしている時代の価値観から自由になるのは至難の業だ。戦時中に赤紙を無視したり、一九八〇年代にジャージ姿でコム・デ・ギャルソンに入ったり、そんなことはやっぱりできない。外部からの強制力という以上に、自分自身の内部に時代の価値観が組み込まれてしまっていることが問題なのだ。その縛りから本当に自由になるためには、心の中にもうひとつの世界というか価値観をもつ必要がある。

『へうげもの』の舞台は戦国時代である。武士である主人公は、当然ながら、戦って手柄を立てて一国一城の主になるという当時の価値観に強く支配されている。それはちょっとした失敗や不名誉が簡単に死に繋がってしまうような怖ろしい世界でもある。

だが、この作品がユニークなのは、同じ主人公がその心中にまったく異なる「もうひとつの世界」を持って、そこにも同時に生きているところだ。それは美しい茶道具を命懸けで求めるという物欲の世界である。第一席のタイトルからして「君は〝物〟のために死ねるか⁉」だから凄い。

ここでの「物」とは主に茶器の中の「名物」や「大名物」、さらには自らの信じる新しい美を託した作品などを指している。読み進むにつれて、武の道か数奇の道か、どちらをとるべきか激しく迷いながら、ふたつの世界に跨って生き続ける主人公の姿にぐいぐい惹きつけられてゆく。

「生まれや育ちに拘らず人生は過酷なものぞ……左様な人生への最大の復讐は……笑うて暮らす事とは思わぬか……?」という彼の言葉は、ぎりぎりの生き方の中から自らに云い聞かせるように発されたものだと思う。

そんな彼が、「平グモの茶釜」の姿が「のぺえっ」としているか、それとも「どぺえっ」なのか、真剣に表現に迷う姿に笑いながら感動してしまう。「のぺえっ」とか「どぺえっ」とは、いわゆるオノマトペだが、作中ではこれが重要な役割を果たしている。主人公が茶器その他を表現する際の台詞(せりふ)を幾つか抜き出してみよう。

「なんと『のぺえっ』とした異形の……いや『どぺえっ』か……!!?」

「この『ドワァッ』と翔びそうな形(なり)には心躍ってござる」

「なんともモリッと冴えない茶碗だぞこりゃあ」

「実に『ホヒョン』と忠興殿の頭のような触り心地にござった!」

「なんと『ミグッ』とした素朴で力強い形よ」

「シュフォッと良い毛よ」

「さてはおせん今まで気付かなかったが……『ミュキン』がお主の好みかえ……？」

もともと無音の存在である「物」の形や質感をわざわざ音に転換して表現しているところが面白い。いわゆる擬態語である。これらのオノマトペが出てくると、思わずくすっと笑ってしまう。どれもが耳新しく、しかし、云われてみれば正にその通り。見事に対象の本質を云い当てているからだ。もしも、これらが「すっきり」とか「どっしり」とか「ふわっ」と云うような既存のオノマトペだったらどうだろう。まったく面白くないと思う。主人公は自らの第一印象を新しいオノマトペに変換することで、目の前の「物」の存在をより深く感じて心に焼き付けようとしているのだ。私は宮澤賢治や北原白秋の詩作を連想した。主人公は（というか作者は）彼らに匹敵するようなオノマトペの詩人にちがいない。

私は作者の漫画をデビュー作の『大正野郎』からずっと読んでいるのだが、どの作品も面白い。十種競技とか宇宙飛行訓練とか懸賞金稼ぎとか、取り上げるテーマがいちいちユニークな上に、登場人物も物語も魅力的。だが、それと矛盾するようだが、最大の特徴は、実際に読んでいる時の面白さが、最終的にはテーマにも登場人物にも物語にも依存していないように感じられることだと思う。

山田作品を読む時に最も強く感じるのは、一コマごとの純粋な意外性だ。ええっ、という驚きの連続が読者である私を興奮させる。前述のオノマトペとか人物のポーズとかパロディとか、さまざまな要素が入れ替わり立ち替わり意外性の衝撃を与えてくれる。デフォルメやギャグには個性としての型がみられるのに、繰り返されている気がしない。必ず一回性の新鮮さがあるのが不思議だ。『へうげもの』の世界になぞらえて云えば窯変めいた面白さということにもなろうか。

その魅力を生んでいるのは、一コマ一コマに生命を与えずにはおかないという作者の意志ではないか。その意志があまりにも強いために彼の作品は、実際の人気の大きさにも拘わらず、常にどこかマイナーな雰囲気を帯びている。他のメジャー漫画の中には、魅力のパターン化によって作者が死んだあとも誰かが描き続けられそうなものがある。だが、山田作品はそうではない。この世から作者が消えた瞬間にぴたっと終わるしかないと思う。だって、次の一コマが誰にも予測できないのだから。

# 「ヴー」から「ぬか漬け」まで

鴻巣友季子『全身翻訳家』（ちくま文庫）解説

先日、或る飲み会の席で、鴻巣友季子さんにお目に掛かった時のこと。私たちはこんな会話を交わした。

鴻「ほむらさんのこないだの本、面白かったです」
ほ「ありがとうございます」
鴻「特に『ヴー』ってところがよかったなあ」
ほ「『ヴー』……？」
鴻「ええ、あれは実にいいですね」

鴻巣さんが褒めてくれた「ヴー」とは、電子レンジの唸り声のことだ。何かを温めている時、独特の音がする。それを何気なく「ヴー」と書いたのである。でも、と思う。その本には、他にも色々なことが記されていたはずだ。だって二百頁以上あるんだから。その中から、ピンポイントで「ヴー」ですか。そう思って、私はちょっと驚き、そして感動した。鴻巣さんって、根っから翻訳家なんだなあ。

実は「ヴー」と云われても、咄嗟に何のことか思い出せなかったのだ。そんなこと書いたっけ。だって、それは私の意見でも主張でもない。強いて云えば、電子レンジ特有の唸り声を反射的に言葉に置き換えた、つまり翻訳したものだ。でも、だからこそ、鴻巣さんの視線は真っ先にそこに向かったのだろう。

そんな翻訳眼の持ち主である彼女のエッセイを集めた本書を読みながら、或る言語を別の言語に移すだけが翻訳ではないのかもしれないなあ、と改めて感じた。全ての言葉は結果的にこの世界を翻訳しているんじゃないか。逆に云うと、人間の喜怒哀楽も、くしゃみの瞬間の感覚も、北東と北北東との間の方角も、電子レンジの音も、世界の全ては翻訳されることを待っている（と思ったら、北東と北北東の間はもうあるらしい。北東微北だって）。

孤独という状態は宇宙が生まれたときからあるものでも、寂しいという「気持ち」はヒトが発明したものだろう。人間はなにか心の収まりがつかないとき、精神に漠たる空白を感じたとき、気持ちが剝きだしになってスースーしたとき、そこに「寂しい」という語を絆創膏のようにあてて守ってきたんじゃないだろうか。

（「六万時間の孤独」）

印象的な文章だ。翻訳行為の原点が語られているようにも見える。「孤独という状態」を「宇宙が生まれたときからある」原作だとすれば、「寂しい」はその人間語への翻訳、と云うのは乱暴だろうか。でも、「孤独という状態」を「寂しい」と表現して、初めて我々はその「気持ち」を得ることができたのだ。

新たな言葉に置き換えられることで、元々の世界にあった何かが我々の世界のものになる。と同時に、翻訳されることで元々の何かの姿は隠される。「寂しい」という「絆創膏」を貼ったとたんに、「剝きだし」の「孤独という状態」は見えなくなる。これは「楽しい」や「悲しい」であっても同じことだろう。鴻巣さんはこの両義性に敏感だと思う。

例えば、本書の「道草を食う」の章では、翻訳とは一見何の関係もないようなさまざまな怪現象が語られている。

> ところが、笑顔でさんざん語った後、彼女（引用者註：五歳の女の子）は急にシリアスな面持ちになって、
> 「いま話したなかで、わたしはひとつだけ嘘をついている」
> と言いだした。
>
> （「ボレロ夢想」）

> けさ、後ろ向きに歩く老婆を見た。
>
> （「老婆　ボードレールに」）

女性の指ですり替わっているリングは、贈り主の男性が知っている何倍、何十倍にものぼるのかもしれない。

（「テセウスの指輪」）

いずれも一読して鳥肌が立つような感覚を覚えた。その理由は、これらが、我々の世界における定番的な翻訳の揺らぎ、を示しているからじゃないか。「五歳の女の子」や「老婆」や「リング」に貼られた「絆創膏」たちが剝がれかけて、その下から世界の本来の姿が現れようとしている。だからこそ、鴻巣さんは、そして我々は「角を曲がると、老婆の前面があらわになる。わたしは急におそろしくなり、蓬髪がいきなり逆立って悪鬼の形相があらわれるのではないか」と予感するのだ。

私たちは「剝きだし」の世界に触れることに耐え得ない。だから「絆創膏」を必要とするのだが、これらの現象について、いかに合理的と思える説明をつけたとしても、それは新たに「絆創膏」を貼り直しただけということになるだろう。我々は納得して安心しながら、何故かがっかりする。なんだ、「悪鬼」は現れなかったのか、と。

奇妙なことに、分厚い「絆創膏」は駄目らしいのだ。私たちは「剝きだし」の世界の姿を直視できないくせに、それを生々しく感じたい。だから、元の世界の凄さが透けて見えるような、薄い「絆創膏」を求めてしまう。そんな「絆創膏」作りの名手である鴻巣さんは、剝がれかけの「絆創膏」を見ると、立ち止まって見つめずにはいられないのだろう。

本書ではこの他にも文学や翻訳と絡めて、或いはそこから離れて、さまざまな話題が語られている。友人について。家族について。旅について。スポーツについて。食べ物について。にも拘わらず、どの頁を読んでも、その底に共通の何かが流れているのを感じる。例えば、食べ物について書かれたこんな文章。

> じつは味噌に限らず、発酵食品はたいてい好きだ。ぬか漬け、沖縄の唐芙蓉、チーズならエポワスとかマンステールとかの臭いウォッシュ系。（略）酵母や麹菌などの微細な世界にも、人間そっくりの生の戦略があり、個体性があり、淘汰があり、遺伝がある。まさに人間界の縮図。というより、人間のほうがいまだ微生物から変わっていないということか。酵母の世界をのぞいていると、ミクロとマクロの宇宙がひとつになる。まったく同じ生き物がふたつといないように、同じぬか床を二度造ろうとしても造れない。ぬか漬けというのは、ファストフードなどの「コピー食品」の対極にある。
>
> （「味噌の解禁日」）

直接的には「ぬか漬け」たちへの愛情を示しつつ、より大きな何かが語られてゆく。これを読んで、ふと私は思った。冒頭で述べた「ヴー」が、もしも電子レンジで「チン」だったら、どうだろう。鴻巣さんは間違いなく、それをスルーしたと思う。何故なら、電子レンジで「チン」という表現は、食べ物で云うところの「コピー食品」に相当するものだろうから。

そんな風に考えると、鴻巣友季子という人が、言語感覚から味覚に至るまで、或る一貫した感受性に強く統(す)べられていることがわかってくる。「ヴー」から「ぬか漬け」まで、一瞬一瞬の出会いにそのセンサーは鋭く反応する。まさに「全身翻訳家」だ。

# 「けれども、君は、永遠じゃない。」

メガミックス『傑作！広告コピー5－6　人生を教えてくれた』（文春文庫）解説

ポスターの前で立ち止まって、そこに記されたコピーを書き写すことがある。多くは写真やイラストレーションとのコラボレーションという形になっているのだが、私はその言葉を詩のようなものとして読んでしまう。作者名がなく、その代わりにクライアントというものがあって、広い意味で何かを売り込んでいる、ということはわかる。だが、その手法は、この商品はこういう理由でとても優れているからお買い得です、という直接的アピールからは既に大きくかけ離れている。そこが怖いと同時に面白い。

潜在的消費者としての読者を魅了することを絶対条件とするジャンルの宿命によって、研ぎ澄まされた言葉は、共感と驚異の要素を備えた詩に近づくのではないか。その一方で、文学における詩歌がコピー化しているとも云われる。だが、考えてみると、例えば私が関わっている短歌には、古くから詠み人知らずの歌があり、与えられた題を詠み込む題詠というものがあった。最初のクライアントは天皇や国家だった。ならば、歴史的にコピーライティング性を帯びているとも云えるんじゃないか。

私がコピーという存在を意識するようになった一九八〇年代から九〇年代にかけては、

両者の距離感が現在よりもさらに近かったように感じる。それだけに短歌をつくり始めていた自分にとって、コピーは音楽の歌詞と並んで羨望と嫉妬の対象だった。街を歩いているだけで、目から耳からどんどん飛び込んできて心を揺さぶってゆく言葉たち。詩歌こそ、そのようなものであって欲しいのに。

その頃好きだったコピーを幾つも覚えている。例えば、「けれども、君は、永遠じゃない。」。渋谷だったか池袋だったかのパルコの階段の踊り場で手帳に書き写した記憶がある。要するに「みんな死ぬ」という意味だ。ところが、「みんな」を「君は」に替え、「死ぬ」を「永遠じゃない」と反転させ、とりわけ冒頭に「けれども」という逆接の接続詞を付したことによって、見違えるように鮮烈な言葉になっていた。

それ以外にも「牧童の条件。1:体力頑健。2:意志強固。できれば孤児がよい。」「また会えるさといって、会えた二人は少ない。」「人は変わり、町は変わった。荒野では、何も変わらない。」などと出会った時の衝撃は忘れ難い。いずれも走り書きのメモと記憶から引っ張り出したものなので正確な引用ではないかもしれない（すみません）が、当時の私はこれらの言葉たちに魅了されていた。

今回解説の依頼をいただいて、本書の校正刷をめくりながら、好きだったコピーに再会してたまらなく懐かしい気持ちになった。「キミが好きだと言うかわりに、シャッターを押した。」「考えて、考えないことにした。」など、言葉とともにあの頃の空気感が甦る。

初めて出会って惹かれたものも多い。「あなたの夏が、私の夏でありますように。」「ブルドッグは、なぜ老けて見られるのでしょうか。」「故郷のことを話そうとするとみんな嘘になってしまうような気がする。」「目を閉じても見える人。」「男は先に死ぬ。」、これらを目にした瞬間、見慣れた世界の皮がべろっと剝けて新しい場所に立たされた気分になった。

　本書のような形で過去の傑作をまとめて読み返す時、こちらがその後の時間の流れを知っているために、ひとつのコピーの影響力を改めて感じることになる。「亭主元気で留守がいい。」などは、日本人の「亭主」観に決定的な影響を与えたと思う。なんだか、大昔からある諺のような気がするほどだ。

　また本書には作者名などのデータが付されているために、それを意識することで詠み人知らずだったコピーの見え方が変わった。初めてひとりひとりの作家性を意識することになったのだ。眞木準さんはなんて突き抜けた駄洒落的レトリックの使い手なんだろうとか。糸井重里さんのコピーからは言葉になるまでの助走距離の長さを感じるとか。

　数年前のこと、或る仕事の席で一倉宏さんと御一緒する機会があった。その時、何かの拍子に目の前の人が「けれども、君は、永遠じゃない。」の作者であることを知って感激というか動揺した。この人があれを書いたのだ。私は慌てて自分の手帳を開いて大昔の走り書きのメモを指さした。ここ、これ、僕、写しました。そこには単に好きな詩の作者と会えたという以上の、不思議な興奮があったと思う。

# 透明な魔術

寺山修司『寺山修司全歌集』（講談社学術文庫）解説

初めて寺山修司の短歌に出会った時の衝撃を覚えている。

海を知らぬ少女の前に麦藁帽のわれは両手をひろげていたり

「海を知らぬ少女」にその大きさを伝えるために、「われ」は「両手をひろげて」いるのだろう。ふたりの気持ちについては何も書かれていない。でも、その場の情景がありありと目に浮かぶ。眩（まぶ）しいほどの光と影と風。なんて瑞々（みずみず）しいんだろう。私は寺山ワールドの青春歌に強く憧れた。

かすかなる耳鳴りやまず砂丘にて夏美と遠き帆を見ておれば
わが通る果樹園の小屋いつも暗く父と呼びたき番人が棲む
駈けてきてふいにとまればわれをこえてゆく風たちの時を呼ぶこえ
一本の樹を世界としそのなかへきみと腕組みゆかんか　夜は

だが、自分自身が実際に短歌をつくるようになってから、奇妙なことに気がついた。冒頭の引用歌では、「少女」という他者が「海を知らぬ」と内面から規定され、「われ」の方が「麦藁帽(むぎわらぼう)の」とまず外側から捉えられているのだ。これは一見ささやかで、しかし、一人称の視点を原則とするこの詩型においては特異な逆転現象だと思う。例えば、これが次のような形だったら普通の短歌として腑に落ちるのだ。

海を知らぬ私の前に麦藁帽の少女は両手をひろげていたり　〔改悪例〕

でも、歌としては駄目だ。これでは原作の瑞々しさが半減してしまう。普通に書き直すと魅力が消えてしまうって、どういうことなんだろう。この一首に限らず、寺山修司の歌はどこかが、何かが、特別なつくりになっているんじゃないか。私はその秘密を知りたいと思った。

死刑囚はこばれてゆくトラックのタイヤにつきてゐる花粉見ゆ

「死刑囚」と「花粉」が、それぞれ死と生を象徴的に表していて鮮やかな一首である。だが、これもよく考えてみると妙なのだ。「囚人」というならともかく、その人間がのかもしれないけれど。

「死刑囚」であることが何故わかるのか。しかも、トラックのタイヤについている「花粉」なんて目に見えるものだろうか。まあ、タイヤ全体が「花粉」の色にまみれていたのかもしれないけれど。

米一粒こぼれてゐたる日ざかりの橋をわたりてゆく仏壇屋

この歌もよく似た構造をもっていると思う。「米」と「仏壇屋」が生と死を象徴しているのだ。そして、同様の疑問が生まれる。「日ざかりの橋」にこぼれている「米一粒」なんて見えるものだろうか。

飛べぬゆえいつも両手をひろげ眠る自転車修理工の少年

このような歌に出会うことで、疑問の答は明らかになる。「自転車修理工の少年」が「いつも両手をひろげ眠る」なんて、本人だって知らないことだ。それを見てきたかのように歌えるのは誰か。家族？　同室の仲間？　いや、その姿を本当に見ているのは神だけだろう。正確に云うと、作者という名の神だ。その目は全てを見通しているだけではなく、作中世界の全体をコントロールしているのである。ならば、寺山修司の歌について現実的な裏づけを探ることにはほとんど意味がないと思われる。

わが切りし二十の爪がしんしんとピースの罐に冷えてゆくらし

孤独が結晶化したような暗い煌めきを帯びた秀作だ。「二十」とは両手足の爪ってことだろう。でも、と思う。現実に両手足の爪を切る時のことを考えると、微妙な違和を覚える。その場合、切られた爪の数はもっと多くなるんじゃないか。勿論、両手足の「二十の爪」という意味合いはわかるけれど。「ピースの罐に冷えてゆく」と云われると、つい物理的な爪の実数を思い浮かべてしまうのだ。ここにも言葉と現実との関係における微かなブレがある。その根っ子にあるものは何か。「爪」を「二十」と断定することの利点を考えてみるとわかる気がする。それによって現実よりも解像度の高い世界が作り出されているのだ。ここまでに見た歌に共通することだが、さりげない言葉の背後できっちりと作中世界に対するコントロールが働いている。だからこそ、寺山ワールドはいつも現実よりも鮮やかで瑞々しいんじゃないか。

これに関連して思い出したことがある。以前、本書にも収められている第一歌集『空には本』から数詞だけを順に抜き出してみたのだが、その結果は「一粒」「一つ」「一ふり」「一匹」「一本」「一本」「ひとり」「ひとり」「一人」「一羽」「一句」「一つ」「一漁夫」「ひとり」「一匹」「一尾」「一つ」「一つ」「一枚」「一本」「一人」「一人」「ひとつ」「一団」「一匹」「一匹」だった。つまり、この歌集に出てくる数詞は「一」だけなのだ。

これは作中の世界が、作者という神の手によって、完全にコントロールされていることのひとつの証だと思う。

現実世界に無数に存在する「一」以外の数、すなわち「二粒」や「五本」や「八羽」などの全ては、『空には本』から完全に切り捨てられている。それらは作中世界の鮮やかさを作り出すための役に立たないと、作者によって判断されたからだろう。云い換えると、寺山ワールドの背後には、神の手による魔術が常に働いていることになる。

もちろん、他の歌人にも多かれ少なかれ作為はある。だが、現実の重力を無視しきれない彼らには、作中世界を支配する神としての意志をそこまで強くもつことができない。寺山修司は違う。彼は『空には本』の数詞の例からもわかるように、自らのモチーフのもとに現実のパーツを自由に取捨選択して世界を完全に組み換えてしまう。その徹底度は一般的な作為というレベルを超えたものだ。

このような寺山ワールドにおける神の手には、ひとつの大きな特徴がある。それは一見したところでは魔術が魔術に見えないということだ。本書の元版の解説を書いている盟友塚本邦雄の作品と比較してみよう。

革命歌作詞家に凭りかかられてすこしづつ液化してゆくピアノ
ギヨティーヌに花を飾りてかへりきぬ――斷頭人の待つ深夜のキャフェに
騎兵らがかつて目もくれずに過ぎた薔薇苑でその遺兒ら密會

嘘つきの聖母に會つて賽銭をとりかへすべくカテドラールへ
安息日。花屋のずるいマダム、掌に鋏ふり唄ふ音癡のキリエ

いずれも昭和二十六年に刊行された第一歌集『水葬物語』からの引用だが、「革命歌作詞家」「ギョティーヌ」「斷頭人」「騎兵」「薔薇苑」「聖母」「安息日」「マダム」といった語から成る世界は、その時期の日本の現実ではありえないだろう。無国籍的な西洋趣味という点に、作り手の作為つまり神の手の痕跡が明らかだ。しかも作者はそれを隠そうとしていない。むしろ、その仕事振りを誇示しているような趣さえある。現実の日本を超越する新世界を見よ、と。

一方、寺山修司の場合はどうか。こちらはまったく印象が異なっている。一見したところ、等身大の〈私〉が我々の知っている日本に生きているように思えるのだ。だが、寺山ワールドの〈私〉は神が自らに似せて作った傀儡に過ぎない。作者＝本当の私は、五七五七七という定型空間の外部にいて、神のように全てをコントロールしている。

作中世界の創造主たる神は、「少女」が「海を知らぬ」ことを、「トラック」で運ばれてゆくのが「死刑囚」であることを、「橋」に「米一粒」がこぼれていることを、「少年」が「両手をひろげ眠る」ことを、当然知っている。

だが、そう考えると、今度は「ピースの罐に冷えてゆくらし」という推量の文体が奇妙に思えてくる。全てを見通せる神の目に「ピースの罐」の中身が見えないはずがない

のだ。ところが、この神は作中の〈私〉に宿って、その目を借り、手足を動かして、つまり人間の振る舞いを逆に真似(まね)てみせる。魔術を透明化するこの二重性こそが、作中世界に特異な増幅感を与えて、同時に読者の強烈な感情移入を誘うのだ。

現在の視点で考えてみると、作中世界の全てを見通すことのできる神の目とは、映画やテレビにおけるカメラの視点に近いものだろう。そして、神の手とは演出家の振る舞いに相当するのではないか。その後の寺山修司が映像や舞台の世界でも力を発揮したことは偶然ではないと思われる。

なお、本文庫には風土社版及び沖積舎版から引き継いだ『寺山修司全歌集』というタイトルが与えられるはずだが、これが作者の歌の全てではない。二〇〇八年に田中未知編による『月蝕書簡』（岩波書店）が「寺山修司未発表歌集」という形で刊行されていることを付記しておく。

# 「五つ目の季節」の歌

山田航『さよならバグ・チルドレン』（ふらんす堂）解説

歌集の冒頭に置かれた「夏の曲馬団」という一連を読んで、その圧倒的な抒情性に舌を巻いた。

やや距離をおいて笑へば「君」といふ二人称から青葉のかをり
僕らには未だ見えざる五つ目の季節が窓の向うに揺れる
地球儀をまはせば雲のなき世界あらはなるまま昏れてゆくのか
告ぐるべき言葉は不変なれどまた過去形として口より出づる
青空に浮かぶ無数のビー玉のひとつひとつに地軸あるべし

何という瑞々しさ、そして透明感だろう。「『君』といふ二人称から」「五つ目の季節」「雲のなき世界」「過去形として」「地軸あるべし」という詩的発見に世界との出会いの鮮度を感じる。

一首一首を読むたびに、うーん、そうきたか、わっ、そうか、と思いながら連作の世界に引き込まれてゆく。知と情の絶妙なバランスが生み出す抗いがたい言葉の魅力。柔道などで相手の技が「来る」とわかっていながら、気がつくと畳に投げられていることがあるが、読者としての私はそんな気分を味わった。同名の連作で第五十五回の角川短歌賞を受賞したのも頷ける。選考委員の中には、この世界はつくられている、と感じつつ票を投じた人もいたのではないだろうか。

作者の歌風は先人から多くを学んだことを感じさせるものだが、印象として最も近いのは寺山修司だと思う。本書に纏められた「荒野」「祖国」「望郷」「生命線」「地下道」「映写技師」「父の書斎」「麦揺れて」「舞台」「カヌー」「揚羽」「帆」「嘘」といった語彙にもその影響は明らかだが、何よりも作り物の形で真実を叫んでしまう詩性の質が似ている。

寺山が「母」「父」「故郷」について虚構を展開する形で拘り続けたように、山田航もまた世界を自在に仮構しながら、なんども同じ所にもどってくる。自らの表現の根から離れることがない。「さよならバグ・チルドレン」というタイトル、そして「スタートラインに立てない全ての人たちのために」という献辞からも窺えるように、そこにあるものは特異な喪失感、不能感である。

いまひどい嘘をきいたよ秒針のふるへのさきが未来だなんて

永遠に出走しえぬ馬のごとひしめき並ぶ放置自転車

鳥なんて何も知らない生き物さゆふぐれだけがぼくらの世界

それが見えやすい歌を引いてみた。ただ、これらの引用歌においてはその基底感覚がやや剝き出しになっており、その結果、歌が現実的な異議申し立てのニュアンスを帯びているようにも見える。だが、むしろ、この感覚が作者の住む北の風土や独特な身体感覚と結びついて予想外の化学反応を起こした時に、虚構の乱反射が生み出す奥行きの中で世界はより生き生きと甦っている。歌の上でだけ甦るというべきか。

粉雪のひとつひとつが魚へと変はる濡れたる睫毛のうへで
輝きを瞳よりも指で感じてる割れた水中眼鏡のかけら
除雪機は未明を進む泣き虫の一つ目巨人のごとく唸りて
カントリーマアムが入室料になる美術部室のぬるめのひざし
まぶしいと思ひたかつたわたつみの午餐のごとき淡きひかりを
りすんみい　齧りついたきりそのままの青林檎まだきらきらの歯型
脱ぎ捨てればひとでのやうに広がれるシャツが酸つぱい匂ひを放つ
噴水に腰かけ授乳してゐたる女はみづのつばさをまとふ

「粉雪」が「水中眼鏡」が「除雪機」が「ひざし」が「ひかり」が「歯型」が「シャ

ツ」が「みづ」が、世界の全てが、生き物のように脈打っている。

このような作品の多くは、言葉の修辞レベルで甘やかにつくりこまれているのだが、よく読むと、その背骨にどうしようもない苦さが潜んでいることに気づかされる。歌集を読み進むうちに、目の前にそれが投げ出されることがあるのだ。

　鉄道で自殺するにも改札を通る切符の代金は要る

突然、〈私〉の表情と口調が変わったようでどきっとする。前に引いた「いまひどい嘘をきいたよ」「永遠に出走しえぬ馬のごと」「ゆふぐれだけがぼくらの世界」という受け身の悲しみともまた違う。この無表情には惹かれる。アイロニーというよりもむしろ等身大の認識が詠われているようであり、そこに非常な苦さを感じる。

こんな歌もある。

　たぶん親の収入超せない僕たちがペットボトルを補充してゆく

コンビニエンスストアなどでの機械的な労働の歌だろう。先の叙情的な歌群においては、喪失感を反転させる梃子として未来という時間が使われることがあった。だが、ここでは同じ未来が「たぶん親の収入超せない」と散文的な絶望の中で捉えられている。

実際、山田と近い世代の歌人の中には、このような認識のもとに全ての抒情を封印するような作風も見受けられる。では、この感覚を手放さず、むしろここに根ざして、それでもメロディアスに詠おうとする時、果たしてどんな世界が可能になるのだろう。そんな疑問をもった私の目に、こんな歌が飛び込んでくる。

ざわめきとして届けわがひとりごと無数の声の渦に紛れよ

二重の命令形、これは述志の文体だと思う。だが、その内容は「ざわめきとして届け」「無数の声の渦に紛れよ」という従来の感覚では絶望的と思えるものだ。インターネット上のツイッターのイメージがあるだろうか。「紛れよ」それによって「届け」という矛盾めいた希望。死んで生きようとする言葉。裏返しの述志。そこから繰り出されるぎりぎりの抒情に胸を打たれる。

風に夜に都市に光に怯えてる僕の背中を登りゆく蟻

「風」「夜」「都市」「光」、つまり「僕」は自然と人工からなる世界の全てに「怯えてる」ことになる。だが、その「背中」の絶壁を登りゆく小さな「蟻」は、恐れという機能をもたない勇気の塊なのだ。

# 透明な革命

浅生ハルミン『私は猫ストーカー　完全版』（中公文庫）解説

この世には二種類の人間がいる、と思う。

とある町に、夜中から朝方にかけてだけ開店するパン屋があるらしい。そこは猫が集う場所であるらしい。できれば、猫がパンをもらいにくるのを見てみたい。

ひとつは、こんな文章を読むとどきどきして自分もその光景を見てみたいと思うような人。もうひとつは、まったく意味不明と感じるような人。彼らをふたつに分けるものは何なのか。前者は猫が好きで後者は猫に興味がない、ということでいいのだろうか。

どうもそれだけではない気がする。例えば、私は特別な猫好きというわけではないのに、想像するとうっとりしてしまう。普通は開くはずのない時間に開くパン屋、その窓灯、焼きたてのパンの匂い、闇のあちこちから集まってくる猫たち。そんな〈光景〉そのものにときめくのだ。たまたま隣で同じものを見つめている人がいたら、その横顔をちらっと見てしまう。友達になれるかも。でも、声はかけられない。

本書は不思議である。こんなに力の抜けた本なのに、読み進むにつれて頭に浮かんだのは、これは革命についての書なんじゃないか、という奇妙な考えだ。一滴の血も流さない、そもそも目に見えない、なのにたったひとりですぐに参加できる、そんな革命の姿が描かれている。革命というからには目の前の世界を覆すわけだが、そのための鍵になる存在が、なんと猫なのだ。

もう知っている、と思っていることがどれほど狭い範囲のことなのか、猫は私の固まってしまった感覚をそっと柔らかくひろげてくれます。いま自分が知っていることがこの世の中のすべてではないのだという、あたりまえのようでいて意外と忘れてしまいそうなことを、猫はあの小さな身体でもって見せてくれます。

人間たちが大事にしているのは、会社や自動車やパソコンやテレビやお金や恋愛から成り立つ世界。でも、その裏側にもうひとつの世界がある。我々の目にははっきりとは見えないそこへの扉を示してくれる猫たちは、別世界の使者なんじゃないか。

私が子供の頃はまだ野良犬というものがいた。しかし、いつしかその姿は見られなくなった。彼らの存在が現世の支配者である人間のニーズに合わなかったのだ。我々の安全と便利と快適を押し進めた結果、かつていたものがいなくなる。そんな観点からは、この世界は明らかに狭くなっているのだ。

でも、野良犬の消えたこの世界にも、野良猫はいる。その理由は、彼らが眠ってばかりいて、爪と牙が小さくて、毒がなくて、ふにゃふにゃしていて、ほかほかしていて、可愛(かわい)くて、誇り高いからだ。隅々まで管理されきった我々の世界を自由に彷徨(さまよ)える特権的な生物。

「なにか食べさせて」と願う生きものは、食べものを得やすい姿形を装い、その場の状況に即した行動を取ることで食べものをもらって生きているのです。だから猫は文句なくかわいいし、泥棒は捕まらないような目立たない服装をするに至り、愛人は……いわずもがなです。

つまり、世の中の生きものは「なにか食べさせてくれ」と思っている点において、どんな生きものも猫と同じだということです。

猫、泥棒、愛人……、いずれも人間世界のアウトサイダーだ。「どんな生きものも」と書きつつ、例えば会社で働いて貰(もら)った給料を「食べもの」に換えるような存在は何故(なぜ)か外されている。おそらく前提になっているのは、この世界の主流的な意識とそれが形成したシステムに対する、静かで、しかし強い違和感である。猫好きでも猫マニアでもなく「猫ストーカー」という造語のアウトサイダー感もまたここに根ざしているのではないか。

この世界の主流を堂々と生き抜いて勝者になれば、或いは違和感は消えるのかもしれない。夜中から朝方にかけてだけ開店するパン屋やそこに集う猫など無視して、出世を目指すのだ。しかし、それは目の前の世界を現に支配しているシステムを暗黙の裡に認め、さらに強化することに繋がる。

もうひとつの道がある。透明な革命を選ぶことだ。ゆるむことで強くなる。攻撃力を捨てることで生き残る。眠ることで目覚める。価値観の網の目を変えて、物理的には指一本触れることなく世界を覆すのだ。というのは簡単だが、実行は難しい。そのためのマニュアルなどどこにもないのである。でも、猫がいる。

私、最近、そういう失敗が多くなってきた。事前に調べないで行動するのが平気になってきたせいだ。それで損をしても気にならなくなってきた。気持ちがだんだんゆるんできている気がする。だけど、なぜかそれを嬉しいと思った。

作者は既にかなり猫化している。それを自覚するからこそ「嬉しいと思った」のだろう。野良犬を消した世界は自らをどんどん締めつけて、ついには全ての生物を消滅させようとする。作者は猫の力を借りることによって、それをゆるめようとする。この星の未来を左右する使命を負った彼女の日々はスリルに充ちている。

あるとき、私は自分の家にある猫のトイレを見て、「ここで私、おしっこできるかな」と考えてしまいました。（略）砂の量オッケー。箱の下にひろげて敷いた新聞紙オッケー。おしっこを受け止める機能的には充分です。

しかし、台所の片隅で下着を脱ぐ、というのはどうしても無理。

嗚呼(ああ)、君の行く道は果てしなく遠い。ふたつの世界に跨(また)がって生きる透明な革命家の、限りなく豊かで、かつ見た目上はどこまでもアレな姿から目が離せない。

# 特別なセンサー

高橋源一郎『大人にはわからない日本文学史』（岩波現代文庫）解説

高橋源一郎とはどういう人なのだろう、と思うことがある。たぶん世界に対して特別なセンサーをもっている。もともと作家や詩人というのは、そういうセンサーが発達した人がなるものだが、その中でも特に鋭敏だ。だから或る現象に対する彼の意見をみんなが聞きたがる。その言葉がまたひどく分かりやすくてびっくりさせられる。特別なセンサーをもった人の文章や発言は普通は難しくなりがちなのだ。それも仕方がない。自分が捉えたぎりぎりの情報をそれを感じ取れない人々に何とか伝えようとするんだから。ところが、本書の作者はキャッチしたものをふにゃふにゃと誰にもわかる言葉で表現してくれる。強靭な知性と高度な論理で情報を料理するのではなくて、混乱や矛盾や曖昧さに柔らかくくるむことでぎりぎりの情報を生かしたまま手渡すのだ。

本書にも「そのことにどんな意味があるのか、実はわたしにも、よくわからないのです」とか「わたしもまた、いま間違えてしまったのですが」とか「ところで、その前に、少し関係のない話をさせてください」とか「わたしには、それを判断する術がありません」なんてフレーズがどんどん出てくる。書き手にそんなことを云われたら読み手は不

わたしは、一葉の小説の中にあるのは、明治二十年代後半という、興隆しつつある資本主義社会のもと、新しい言語による支配が確立されていこうとする時代の、そして当然ながら男性中心社会の、そのいずれにおいても少数者であるような、若く、金を持たない、教育を受けていない女性のリアリズムではないか、と考えるのです。

（二六頁）

卓見だが、ここに並べられた「少数者」の条件は高橋源一郎本人にはどれひとつとして当てはまらない。それなのに当時の（そして現在にまで続く）文学的な主流である自然主義リアリズムとはまったく別の、もうひとつの「リアリズム」の姿が見えているのはどうしてだろう。彼には世界の外にあるものが感知できるのか。ひとつには、「明治二十年代後半」から見て我々が未来人だからということはあるかもしれない。それによってひとつの時代を外から眺めることが可能になる。

だが、彼は同時代の作家である綿矢りさについても誰も想像しなかったような見解を示している。

作者はなぜ、この主人公をマンションのゴミ捨て場に横たえたのでしょう。わたしの考えでは、この作品の作者は、――奇妙ないい方ですが――「文学史」に促されて、そうしたのです。いや、もちろん作者は、無意識のうちに必要な場所を選択し、ゴミ捨て場にたどり着き、そこに「私」を横たえたに違いありません。十九世紀末あるいは二十世紀の冒頭、若い作家がことばに導かれて武蔵野の林の中に紛れ込んだように、二十一世紀の冒頭に、若くして小説を書き始めたこの作家は、ことばの導くまま、なにもない「自分」に最もふさわしい場所として、マンションのゴミ捨て場を選び、その冷たいコンクリートの上に身を横たえた。そこには滅びる肉体しかなく、若さはあるがそれがまた一時的であることを、作者はよく知っていたように思います。（四八頁）

こちらは「十九世紀末あるいは二十世紀の冒頭」の「若い作家」との比較がこの見解を成立させている。現代にとっての外部である過去を光源にして「二十一世紀の冒頭」の作品を浮かび上がらせているのだ。「はじめに――『大人にはわからない日本文学史』のできるまで」の中で、作者はこう記している。

わたしは、この本の中で、「過去」の小説を、その「評判」から取り戻そうと思いました。陳列されているガラスの棚から脱走するよう、説得してみることにしました。要するに、「過去」で眠っているのを止め、起きて、現在に遊びに来るよういったのです。

そして、「現在」の小説には、その逆に、「過去」に行って、「過去」の小説と遊んで来るよう命じたのでした。（七頁）

世界の外からの眼差しの獲得、それは時代的なことに限らない。例えば「『日本文学戦争』戦後秘話」においては、短歌との対比によって小説の世界を照らし出している。この場合は、韻文が散文にとっての外部に相当するわけだ。

「現在」と「過去」、「小説」と「詩歌（しいか）」、「虚構」と「現実」、互いに互いの外部として機能するような、こんな組み合わせを考えてみる。小説家が「現在」の「虚構」としての「小説」に関心を持つのは当然だが、その中にあって高橋源一郎は対立項目である「過去」「詩歌」「現実」へのコミットメントが特別に強い作家であることに思い至る。それは本書における明治期の作家への言及、短歌の歴史への関心、「『丸山眞男』をひっぱたきたい――三一歳、フリーター。希望は、戦争。」への考察などからも明らかだ。「現在」の「虚構」としての「小説」にとっての外部であるそれらの力を借りて、リアルタイムの文学史は生み出されているのだろう。

ただ、そのように想定してみても、同じことが誰にもできるわけではない。それぞれの要素についても知識だけならもっと詳しい人はいるだろう。しかし、作者には外部の眼差しを生かして今ここを捉えるための特別なセンスがある。謎の勇気というか。柔らかく死中に活を求める感覚というか。前述の「そのことにどんな意味があるのか、実はわたしにも、よくわからないのです」や「わたしもまた、いま間違えてしまったのですが」や「ところで、その前に、少し関係のない話をさせてください」や「わたしには、それを判断する術がありません」はその証ではないか。これらのふにゃふにゃした言葉たちが透明な防護服のように機能して、今ここで燃えさかる言葉の最深部に我々を連れていってくれるように思えるのだ。

# 怖ろしいほどの理想主義

北村薫『元気でいてよ、R2−D2。』（集英社文庫）解説

　北村薫の文章を読んでいると、びっくりさせられる。自分でも気づかなかった心のつぼを圧されて、さまざまな感情や感覚が溢れ出してくるからだ。濃厚な想いにまみれながら、なんだこれは、と呆然とする。「陰のある短編集」（「まえがき」より）である本書の場合は、そんなところに怖さのつぼがあったのか、と何度も驚かされた。

　例えば「マスカット・グリーン」という作品では、主人公がマッサージ店でつぼを圧されるラストシーンが、読者にとっての心のつぼ圧しと重なっていて面白い。え、うそ、なに、と思った瞬間、ぐわーっときた。作中の主人公の感覚と文章を目で追っている私の感覚とが溶け合って、生々しいショックを味わってしまった。まさか、こんな些細な一点から世界が崩れ去るなんて。私の目の前の現実は何ひとつ変わっていないのに、印刷された文字を読んだだけなのに、なんて怖ろしい、そして面白い体験なんだろう。

　物語の途中に、本筋とは一見無関係なエピソードや会話が幾つも出てきて、でも、最後のつぼを圧されたとたん、それらの全てが響き合うように結びついて心が溢れた。そこで初めて、自分が密かに幾つものつぼを圧されていたことに気づく。食後のマスカッ

ト、イーデス・ハンソンの俳句、疲れ眼を気遣う優しさ……、うまいなあ、と思う。でも、とても真似できない。だって、心のつぼ圧しは体のそれ以上に微妙な作業。位置と強さと順番がちょっとでもずれていたら、ぜんぜん効かなかったりするのだろう。それどころか、逆に痛いって怒られたりして。

　人体のつぼを熟知した施術師がいるように、作者には心のつぼの在処が見えているのかもしれない。そういえば、「まえがき」にある「妊娠中の女の方は、『腹中の恐怖』を読まないで下さい」という一文は、まるで治療院における注意書きのようではないか。妊婦さんにはこのつぼは良くないんです、ってことか。実際に読んでみて納得した。確かにこれは効き過ぎる。

「さりさりさり」という作品には「うつくしき蛇が纏ひぬ合歓の花」という俳句が効果的に使われている。「蛇」と「花」、それも「合歓」＝睦み合って歓ぶとは意味深だ。そして最後に出てくる「蛇と蟹の昔話」。どうして突然、「姉」はそんなことを語り出したのか。

「蛇はね、お仕置きされて当然なんだよ」

　この台詞に鳥肌が立った。こわい。でも、理由がわからない、いや、でも、そうか、先の俳句と「蛇」繋がりじゃないか。

具体的なエピソードや会話が或る瞬間に結びつく妙味。でも、それだけではない。表題作の「元気でいてよ、R2‐D2。」では、ひとり語りの口調そのものが印象的だ。撫でるように読者の心に触れてくる。同様に「腹中の恐怖」の手紙文の不気味さ。また「よいしょ、よいしょ」における現実と昔話の二重性。いずれも魅力的だが、とりわけ「ざくろ」における平仮名交じりの表記が素晴らしい。「ふん水」「結こん式」「ねっしん」「しの田くん」、この奇妙なたどたどしさに首を捻りながら読んでいった私は、ラストシーンで衝撃に襲われた。ああっ、そうだったのか、と思った時はもう遅い。ドミノ倒しのように世界がぱたぱたと倒れてゆく。確かにあったはずの世界が。その残酷な快感がたまらない。

それにしても、と思う。そもそも北村薫には、どうして他者の心のつぼがわかるのだろう。或いは、別の云い方もできる。どうして男性である彼が、年齢や性格や立場がさまざまに異なる女性を主人公にした物語を書くことができるのだろう。覆面作家時代には、正体は若い女性ではないか、と思われていたらしい。そう誤解されるほどなりきることができるのは、現実の自分とはかけ離れた年の人間や異性の気持ちに対する想像力が豊かだからか。勿論それもあるだろう。でも、たぶんそれだけではない。

あのさあ、美加ちゃん、恋なんてしたことある？　そうかあ。あたしはないなあ。

この年までないなあ。（略）

だってさ、恋愛するって、ちょっといい感じの上だよね。死ぬまで一緒に暮らしたいってことでしょ。いやいや、死んでもだよ。そうでなかったら恋愛じゃないでしょ。だとしたら、――気持ちがぴったり合って、何でも話せて、何でも一緒に出来る人じゃないと駄目でしょ。（略）

その上で、人間性までぴったり合わなきゃ、いかんわけだ。

そんな人に、会ったことないもん。

（「元気でいてよ、R2－D2。」）

これは異様な語りだと思う。一般的な考えでもなければ、現実的でもない。こんな風に考えて実際に一度も恋をしない人間がいるだろうか。考えにくい。現実の我々は、恋だけでなく、人生上のさまざまなことを、もっとなんとなくばたばたとやってしまうものではないか。自然にそうせざるを得ないというか。だから、こんな言葉を見るとぎょっとする。しかし、有り得ない、と一笑に付すことはできない。何故なら、思春期には自分もこんな風に考えていたし、今でも突き詰めれば心の奥でこんな風に考えているかもしれないからだ。云い換えると、ここに書かれているのは、性別や年齢を超越した普遍的な想いのようなものだと思う。作者の真の凄さは、特定の性別や年齢や性格の人間がいかにも考えそうなことをリアルに再現する力にあるのではなく、それらを超越した普遍性への並外れたドライブの強さにあるのではないか。

会って話した時の人当たりやその文体からは穏やかな印象を受けるが、実は所有する人間観という点で、北村薫は怖い人だと思う。現実の人生というものをよく知っている一方で、怖ろしいほどの理想主義を感じる。でなければ、先のモノローグは書かれないだろう。そして、「怖ろしいほどの理想」というものは実は万人の中に眠っている。普段はすっかり忘れているその想いが、作者の丁寧でしかし異様な熱を孕んだ言葉に触れて目覚める。そのとき我々の中から、さまざまな感情や感覚が溢れる。懐かしさ、愛しさ、悲しさ、楽しさ、優しさ、怖さ、その種類は問題ではない。溢れることが喜びなのだ。

# もうひとつの時間

フジモトマサル『二週間の休暇 新装版』（講談社）解説

『二週間の休暇』の新装版が出ることを知って喜んでいる。『夢みごこち』『いきもののすべて』など優れた作品揃いのフジモトマサルワールドの中でも、私が最も好きな一冊で何度となく読み返した。読んでも読んでも消えない特別な魅力を感じる。

本書を初めて手にした時の驚きを憶えている。半透明のカバーを何気なく外すと、裏や袖に猫やカマキリやポットが隠れていた。面白いな、と思いながら、表紙を見ると、そこには樹と葉っぱのシルエット。その瞬間、くらっときた。小さな葉っぱのシルエットに一ミリほどの穴が点々と幾つも開いていたのだ。

これは……、「虫食いの痕」じゃないか。いや、確かに現実の、本物の葉っぱってこうなってるよ。でも、漫画でそこまで写し取るなんて。しかも、カバー越しにもぎりぎりわかる位置に配されている。なんという精密な世界なんだろう。

葉っぱの虫食いだけではない。本書の中に描かれたカーテンには木の影が映っている。団地の外壁にはひびが走っている。猫の後ろ姿にはちゃんと肛門がある。登場する人や鳥モノは全て正しく影を持っている。ほとんどシュールに感じるほどの誠実さで、人や鳥や猫やモノたちの静かな静かな時間の流れが描かれているのだ。

作中のレモネード作りはレモンを切って絞るところから始まっている。コロッケ作りはジャガイモを茹でて潰すところから始まっている。焼き茄子作りはヘタとお尻に包丁を入れて皮に穴を開けるところから始まっている。

そんな風に、日常のディテールを丁寧に描き込みながら、しかし、内容的には記憶喪失に纏わるミステリーであり、異次元ＳＦでもあるところが面白い。

或る日、主人公の「日菜子」は見知らぬ町の見知らぬ部屋で目覚める。何故か記憶を失っている。異常事態だ。でも、彼女は、パニックになることもなく、そのままそこで日々の生活に入ってゆく。

こんなに静かな冒険と謎解きは見たことがない。

あたたかな空。
緑の匂い。
穏やかな午後。
散歩のあとの読書。
忘れてしまった過去はどんなふうだったんだろう。
（『二週間の休暇』）

異常事態なのに、なんだか理想の暮らしに思えてくる。

午後遅い時間にむっくりとベッドから起きた彼女が裸足でぺたぺたと床を歩くところ。冷蔵庫を開けて、「空っぽか。」と呟くところ。川沿いの道を歩きながらコロッケを食べて「おいしい。」と云うところ。夜遅く部屋に辿り着いて「服がシワになっちゃう。」と思いながら、そのままベッドに倒れ込むところ。朝、窓のカーテンを開けて「今日は暑くなりそう。」と思うところ。

何でもないようなシーンを幾つも見てゆくうちに、自分の裡の何かが喜ぶのを感じる。夢のように奇妙で穏やかな「二週間の休暇」が「日菜子」だけでなく、読者である私にも作用したのかもしれない。

最後に物語の謎は解けて、不思議な世界の崩壊と共に「日菜子」の静かな冒険は終わる。でも、終わらない何かが残る。慌ただしい現実の裏側にある、もうひとつの目に見えない世界の気配のようなもの。そこに流れている特別な時間。ふたつの世界を結ぶ道は、死に際に姿を消すという猫だけが知っている。猫の「玉ちゃん」の後を追いかけた「日菜子」と私は、もうひとつの時間に触れる機会を得た。読み終わって本を閉じた時、目の前の風景が少しだけ変わっていることに気づかされる。

作者のフジモトマサルさんは、二〇一五年の十一月二十二日に亡くなった。フジモトさんの本をもっと読みたかった。この先の世界を見せて欲しかった。

# 女神と人間と

萩尾望都『一瞬と永遠と』（朝日文庫）解説

『一瞬と永遠と』を読んで、なんだか、びっくりしてしまった。「萩尾さんも人間なんだ……」と思ったのだ。この気持ち、彼女の読者ならわかってくれると思う。「萩尾望都」って文字の並びを見ただけで、心の奥から、何か、わーっと湧き上がってくるものがある。だって、それは「ポーの一族」「トーマの心臓」「訪問者」「11人いる！」「スター・レッド」「メッシュ」「銀の三角」「A－A'」「モザイク・ラセン」「半神」「マージナル」「フラワー・フェスティバル」「イグアナの娘」「残酷な神が支配する」「バルバラ異界」「なのはな」他を生み出した作家の名前。その全てをひとりの人間が描いたなんて、とても信じられない。

歌人の佐藤弓生氏は、次のように書いている。

なぜというに、ロマンティシズムに始まり、オカルティズム、サイエンス・フィクション、テクノロジー、エコロジー、マイノリティ、セクシュアリティ、ジェンダー・スタディーズ、ポストコロニアリズム、チャイルド・アビューズ……いま思いつきで挙げたこれら雑多な術語は、19世紀来の文芸・思想・社会問題等のいずれかの局面を説明できると同時に、萩尾作品のいずれかの局面を説明できるのだ。作家として「巨(おお)きい」のである。じゃあ手塚治虫は永井豪はと問われれば困るが、既得権益を遠く離れた「東洋人・漫画家・おまけに女」が前世紀末の女子供文化をリードし今世紀に到っても敬意を払われている点は、やはり特記しないわけにゆかない。

（「FANTAST」vol. 33　二〇〇七年）

そうだ、と思う。私もまた、これらのカタカナ言葉を全然知らない頃から、萩尾さんの作品を通して、理屈ではなくて空気感で大切な「何か」を教えられた。

例えば、「11人いる！」で出会ったフロルベリチェリ・フロル。そのネーミング、そして存在感は衝撃的だった。雌雄両性体である彼／彼女は叫ぶ。「まだ男女(おとこおんな)どっちでもねいよ！　このテストにうかったら許可がおりるんだから！　男になってもいいって!!」

作中には、こんな眩(まぶ)しい会話があった。

フロル「信じられねえな　合格したって　姉上や母上にハナがたかいや」
タダ「よかったな　少し……ざんねんだけど……ずいぶんね」
フロル「オレさ　おまえがそういうなら女になってもいいや」

タダ　「(ドキン)」
フロル「おまえどのコースへ進むの?」
タダ　「パイロットコースをえらぼうと思うんだ」
フロル「オレもそうする」
（「11人いる!」）

「おまえ」と違う「女」を選び、「おまえ」と同じ「パイロットコース」を選ぶ。どこまでも自らの心のままに未来を生きようとするフロルベリチェリ・フロルの姿に、思春期の私の心は震えた。私だけではない。一度でも読んだ者は、その輝きを決して忘れないだろう。もしも自分が「女」の子だったら、萩尾さんに一生ついていこうと思うんじゃないか。他にも例を挙げ出したら、本当にきりがない。ちなみに前掲の佐藤氏の文章のタイトルは「大事なことはみーんな萩尾望都に教わった」である。

そんな読者のひとりとして、偉大な創造の女神だと思っていた萩尾さんが、本書の中では普通に悩んだり迷ったりしていることに驚きを感じたのだ。特に、繰り返し出てくる御両親との葛藤の記述には愕然(がくぜん)とした。

両親はマンガを嫌っていた。私に忠告し、再三描くことをやめさせようとしていた。こんなものは創造でも何でもないのである。くだらん塵芥(ちりあくた)なのである。こんなものを描くのはアホである。いい年をして、どうかしてる。
（「単純な解答」）

馬鹿な……。正直云って、「ふ、ふ、ふざけるな！」と思ってしまった。「あなたの娘さんがどんなに素晴らしい作品をこの世に送り出して、それによって、どんなにたくさんの人が生きる希望を与えられたか、わからないんですか！　絶望に充ちた世界の中で、本当に稀な奇蹟の光が見えないんですか！」と。いや、でも、わからなくて、見えないんだろうなあ。おそろしい。肉親って、いったいなんなんだろう。「預言者が敬われないのは、その故郷、家族の間だけである」という言葉が聖書にあるらしいけど、なんかもう、そういう次元の天才の受難を感じる。

その一方で、萩尾さんが悩み続ける姿を見て、奇妙な勇気を与えられる気がした。そうか。萩尾さんも、僕とおんなじ人間なんだ。そして、こんな言葉をじっと見つめてしまうのだ。

「もう一人の私がいたら」
しかし、そんなものはいないと、もう、私は知っている。持ってるカードを駆使して生きるしかない。みんなそうやって生きているのだろう。
（「哲学の快感――永井均『マンガは哲学する』」）

「持ってるカードを駆使して生きる」ことが、あんなに素晴らしい作品の創造に繫がる。

その秘密を知りたい、と思う。本書には、天才漫画家の心の核に触れたものを巡って、さまざまな思いが記されている。例えば、次のように。

この小説を原作として、漫画を描くことになった時、光瀬さんと電話で打ち合わせをした。

「ずいぶん昔に書いたので」と光瀬さんは言った。「あしゅらおうは、本の中で男でしたか、女でしたか?」

そう聞かれて「おおっ?」と、世界が一瞬、目眩（めまい）をともなうカオスにぶれた。

「あ、オンナでした」と答えたものの、「そうか、男でも女でも良いのか」と思い

「男でも女でもありうるのだな」と納得した。
（「宙空漂う「なぜ」の問いかけ」）

「人形的な女を必要としている人がいて、それをわたしがかなえてあげられるのなら」

と、夏生は人形を演じる人間として生きることを選ぶ。

読み終えてムンクの「叫び」じゃあないけれど、「そんなあ〜〜」と叫びそうになった。夏生、あなた、それでいいの。
（「二重螺旋を超えた超新人達――矢口敦子『人形になる』」）

深川秀夫は細い。いつ会っても少年に化けてるように見える。人間には少年から大人になるコースと、少年から少年になるコースがあるんじゃないかと思える。そのためか、彼に会うと、〝両性具有（アンドロギユヌス）〟という言葉を思い出す。

（「深川秀夫という光または」）

これらの言葉からは、自らの性別と未来を主体的に選ぼうとするフロルベリチェリ・フロルの姿が浮かび上がってくる。あのキャラクターは、やはり、その場限りの思いつきでも天からの授かりものでもなかったんだ。

ひとりの人間として大切な「何か」を感じ続け、どこまでも考え抜く姿勢から、フロルベリチェリ・フロルが、そして全ての傑作たちが生まれてきたのだろう。本書は、そのことを教えてくれる。

# 今という戦場

松田青子『スタッキング可能』（河出文庫）解説

松田青子さんと対談をした時、彼女はこんなことを云っていた。

幼稚園の段階で「自分は駄目だな」ってわかりました。集合写真も私だけ完全に浮いているんです。真っ直ぐに立ててない。

（「花椿」二〇一三年七月号）

面白いな、と思った。特に「真っ直ぐに立ててない」ってところ。確かに、それは「駄目」そうだ。気をつけとか前へならえとか、日本では基本中の基本だから。

また、恋愛について尋ねた時の答えはこうだった。

恋愛とか全然面白くないですよね、なんなんですか、あれ。岩館真理子さんとかの少女漫画がすごく好きで恋愛とはああいうものだと思っていたのに、実際自分が恋愛をしたら同じことは再現されないじゃないですか。それがまず不思議で。

（「花椿」二〇一三年七月号）

「なんなんですか、あれ」って訊かれても困るけど、笑ってしまった。幼稚園の頃から「真っ直ぐに立ててない」、そして「恋愛とか全然面白くない」。この人は、一見そうは見えないけど、中身は完全なはみ出し者ではないか。

そんな作者が考えた「スタッキング可能」というタイトルは、アイロニカルなニュアンスを帯びているように見えた。現代の日本ではどんな「わたし」であってもどんな「あなた」とも交換可能なんですよ、完全なはみ出し者以外は、という。

また本書には、普通であれ、女であれ、という世間の同調圧力に対する呪いの言葉が充ちている。確かに、無根拠に押しつけられる普通との戦いは、悪との戦いよりもずっと厳しい。普通との戦いにおいては、いつの間にかこちらが悪にされてしまうからだ。その透明で最悪な普通に挑む作者の姿勢は、清々しいほど徹底している。

だが、読み進むうちに、それだけではないことに気がついた。

好きなスカートに好きな靴に好きなバッグに好きなポーチに好きなリップ。大丈夫。私は守られている。C川は働こうと思った。働くぞ私は。そのために私はここにいる。C川はリターンキーを押すと、スリープ画面を蹴散らした。

（「スタッキング可能」）

なんという真っ直ぐさ、わかりやすさ、そして捨て身さだろう。よく書いたな、と思う。だって「好きなスカートに好きな靴に好きなバッグに好きなポーチに好きなリップ。大丈夫。私は守られている」なんて、例えば戦前生まれの人には呆(あき)れられても仕方のないひ弱さ、そして薄っぺらさではないか。

だが、ここには現在を生きる我々の切実感が宿っている。昔の人だって今の会社で働いてたらこうなるんだよ、と私も主張したい。でも、云えない。それは無意味な仮定だと思ってしまうからだ。

その意味で、現代の日本で生きることの困難や苦痛を表現するのは難しい。昔に比べたら、或(ある)いは今も恵まれない国の人々に比べたら、ここは天国のように見えるからだ。真夜中のコンビニエンスストアには必需品の全てが揃(そろ)っていて、デパートには考え得る贅沢品(ぜいたくひん)の全てが溢(あふ)れている。でも、我々の苦しみは、それらと同居するように確かに存在している。ただ、はっきりと指し示すことができないのだ。そのまま書いたら、恵まれた時代と場所に生きている者の、単なる甘えや贅沢にされてしまう。どうしようもない。戦争体験者や飢えた人々を前にしては、今の日本で普通に暮らしている我々の絶望も希望も語ることができない。どうしてなんだ。こんなにはっきり感じてるのに。

だからこそ、本書の特異なスタイルは生み出されたんじゃないか。収録された一篇ごとが普通の小説とは違う姿をしている。お洒落(しゃれ)とかセンスでそうなっているわけではない。どのひとつをとっても、こんなにはっきり感じてる、ということに対してできるだけ真っ直ぐであろうとした結果というか、藁をも掴むぎりぎりの一回性の輝きがある。二度目はないのだ。

その点では、詩にも似ている。例えば、マーガレット・ハウエル↓マーガレットはうえる↓「マーガレットは植える」という発想。或いは「最後までもうすぐ結婚する女がもうすぐ結婚する女だと私は知らなかったのだが、もうすぐ結婚する女と同じグループになった」という奇妙な一文。そして「嘘ばっかり！　嘘ばっかり！　ウォータープルーフ嘘ばっかり！」という決め台詞。いずれの場合にも、主体的な意図を超えた言葉の偶然性を生かそうとする感覚があると思う。必死の思いがあるからこそ、自分よりも言葉に賭ける、という詩の作法だ。

マーガレット・ハウエルという一点から転がりだした言葉は、こんな風に展開される。

> でもどれだけ箱をさばいても、以前のようにマーガレットの心が温かくなるような素敵なものは出てこなかった。マーガレットは悲しみを植えた。マーガレットは不安を植えた。マーガレットは後悔を植えた。マーガレットは恐怖を植えた。マーガレットは恐怖を植えた。マーガレットは恐怖を植えた。マーガレットは恐怖を植えた。マーガレットは恐怖を植えた。くる日もくる日もマーガレットは罰ゲームのように恐怖を植えた。
>
> （「マーガレットは植える」）

この文章は普通の散文のようには視覚化できない。にも拘わらず、意味とは別のリズムの力によって、我々が立たされているのがどんな戦場なのか、味わっているのがどんな飢えと怖れなのか、びりびりと伝わってくる。

本書に収められた作品たちは、絶望と希望の塊のようだ。二十一世紀の生温い絶望をぎりぎりまで圧縮することで希望に転化する力を秘めている。

「大丈夫です。私たち、きっと大丈夫です。こんなにがんばっているんですから、大丈夫に決まっています！」

どこかのフロアからCの声が聞こえた。どのCが言ったんだろう。何人もいるからすぐにわからない。まあ、どのCもだいたい言うことは同じだから、どのCでもいいだろう。

（「スタッキング可能」）

「C」の言葉のひ弱さと薄っぺらさが何故か胸に沁みる。表題作のラストシーンでは「スタッキング可能」という言葉がくるりと反転して光が溢れ出す。それは、「わたし」と「あなた」は時間を超えて繋がれる、って意味だったんだ。

# 森脇ワールドのこと

森脇真末味『おんなのこ物語』三巻（ハヤカワコミック文庫）解説

今から二十五年ほど前に、北海道の大学に入学した私は気のあった同級生と一緒に暮らし始めた。その頃、我々がいちばん楽しみにしていたのが「プチコミック」という雑誌の発売日だった。そこに載っている『おんなのこ物語（ストーリー）』を男ふたりで回し読みして、エピソードや登場人物についてあーだこーだと云（い）い合うのだ。

キャラククーの造形に対する作者の集中力が、私たちを興奮させていた。学生特有の無責任な執拗さで、あーだこーだあーだこーだあーだこーだ云（い）い続けても興味が尽きない。そんな怪しくも楽しい時間の果てに、仲尾仁贔屓（びいき）の友人は必ず興奮気味にこう云うのだった。「これ、凄（すご）い漫画だよなあ」。

本当にそうだ。いわゆる少女漫画とは根本から違う絵、そして息づかいが感じられそうな登場人物たち。掲載誌をぱらぱらめくった時、そこだけ次元が違うというか、まったく世界が異なっている。その作品には、剣道の試合場に突然サムライが出現したような（?）衝撃があった。

森脇真末味の存在を友人に教えた私は得意だった。

＊

私が初めて森脇作品に出会ったのは、その数年前のこと。

本屋で偶然手に取った雑誌の中に、『おんなのこ物語』の前作（作中時間的には後のストーリー）に当たる『緑茶夢』の最初のエピソードが載っていたのだ。この世界の生き難さとそこでの戦いのモチーフがみずみずしく描かれた世界に一気に引き込まれた。

そして、単行本が出るたびに買って読むようになる。少女漫画史上最強とも思える男性キャラクターたちへの思い入れは勿論のことだが、女性がまた素晴らしかった。『おんなのこ物語』の尚子、章子さん、『緑茶夢』の雅子、『ブルームーン』のユカリ、玲子、美鈴……。みんなみんな、夢の女だ。彼女たちは女であることへの呪詛が反転して生み出された存在なのだろうか。

いや、それを云えば、森脇作品の全体が、現実への違和感や自分であることへの不安、他者との葛藤などを生々しく描きながら、最終的には夢の世界へ突き抜けているのではないか。

例えば、そこには本当に嫌な奴がひとりも出てこない。第一印象がどんなに悪くても、読み進むうちに少しずつ好感をもってしまうのだ。ひとりひとりの人物を真に「生かす」ことでうつくしくなる世界。

そんな作品群の中でも『おんなのこ物語』は、最高のバランスで描かれた名作だと思う。

「寝酒はよしなさいね。太るから」

「子どもみたいな顔して笑いやがって…わかってるのか……おれはいなくなるんだぞ。今後おまえが何をやらかしたって…もう止めることも助けることもできないんだ」

「もういつ別れてもいいわね。もうどんなに離れてもいいわ。いってらっしゃい好きなだけ。あなたがあなたをとりもどすまで。待たないけど…あなたが好きよ」

「でも集団生活ができないんでしょう?」

「卑怯者」

「俺は世界中ににくまれても才能がほしい」

「どこへいくのそっちじゃないわ。そっちじゃないわこっちよ。そっちへいっちゃダメ。こっちよ京介、こっちよ……」

「なくなった息子さんにそっくりなんでございましょ」

「息子は全員生きとるわボケ‼」

「なぜですってェ。理由なんかないわよ。わたしにあるのは…結論だけよ‼」

「昔…ぼくはなん度も考えたことがある。彼がやさしければやさしいほど仲尾さんが死なないものかと。ぼくの前から永久に消えてくれないかと」

などなど、今も口ずさめる台詞（せりふ）がたくさんある。普通にみえても普通じゃない。実際に目にすると、声がきこえる。そのシーンが心に焼き付くのだ。

『おんなのこ物語』の後に描かれた『ブルームーン』では、本書に収録されている「TIME」の英一、英二が中心になっているのだが、これはまさに鬼気迫る作品だった。もともとリアルな登場人物たちが、途中から何かが乗り移ったように、異様なオーラを帯び始める。それはもう、読んでいて怖ろしかった。漫画の中の人間がこんなにも

「生きて」しまっていいのか、やばいんじゃないか、と思ったものだ。

＊

余談だが、自分のペンネームの由来を訊かれることがあって、そのたびに、特に意味はありません、とか、なんとなく、などと答えてきた。「穂村」という苗字に関してはその通りなのだが、実は「弘」の方は違う。

これは『緑茶夢』のメインキャラクター（『おんなのこ物語』にも「水野のバイト先で万引した中学生」として一瞬登場）である「安部弘」から貰ったのだ。自家中毒ですぐに吐いいちゃう少年ヴォーカリスト……。

「安部」ではなく、あまりにも普通な「弘」を、と云うところに、なんというか思い入れの強さがあったわけだ。そんな自分が『おんなのこ物語』の解説を書く日がくるとは。緊張して、なんだか文章が硬くなってしまったけど、最後にもう一度繰り返しておこう。

森脇真末味は本当に凄い。『緑茶夢』『おんなのこ物語』のシリーズは漫画史に残る名作。『ブルームーン』はラインを超えちゃった傑作。全作品必読です。

# 私の読書道

## ■決定的なものを探して

――一番古い読書の記憶といいますと。

やはり幼稚園や小学校の時に親に買い与えられた本かな、と思います。松谷みよ子さんの『ちいさいモモちゃん』のシリーズなどを覚えていますね。まだそんなに〝自分〟があるわけではないので、与えられればなんでも読んでいました。本を読む子はいい子という感覚が濃厚にあった時代ですから、結構熱心に買ってくれていたんじゃないかな。

――自分から積極的に読むようになったのは。

中学生くらいの時に、学校の試験が終わると晴れやかな気持ちで古本屋に行っていたのを覚えていますね。買うのはカバーのない文庫、と自分の頭の中で勝手に限定されていました。一番安い、ということなんだと思いますけれど。当時はかなり読んでいたと思います。中学生くらいの時は読むスピードもはやかったですし、テンションも高かった。

——読書に目覚めるきっかけがあったのですか。

ある時まではあくまでも本は娯楽で、それほど切実な思いはなかったんです。小学校高学年くらいかな、本に対する認識が変わったのは。思春期に入ってから、何か決定的なことが書いてある、そういう本があるんじゃないかと思うようになって。その決定的なことを理解できないと、自分は生きていけないという風に感覚が変わったんです。親に本を買い与えられていた頃は普通に幸福な子供でしたが、中学に入るくらいから、自分はこのままでは生きていけないという感じになったんです。じゃあ、どうなれば生きていけるのかというと、その答えは親や先生や友達との関係の中では得られないと思い込んでいた。それで決定的なことが書かれてある本を見つけだして、それをつかまない限り、自分は駄目だという、特殊なテンションがありました。娯楽というよりも、読んでは「これも違う、次！」というような。自分だけの決定的なバイブルを求める感覚で読んでいたんです。

——途中まで読んでは、駄目だ、次、という感じですか。

それは案外ありませんでした。今も途中で投げ出すのは得意じゃない。最後まで読んだと思います。

——その時に手にするのは、どのような本だったのでしょうか。小説ですか。

ジャンルは問わなかったですね。そういうセンサーで見ていると、小説でも楽しみのために書かれた本と、そうでないものは分かるんです。例えばヘッセなら『デミアン』

とか。もうちょっとしてからは、小説よりも、例えばユングとか木村敏とかグルジエフとか、そういう心理学や精神病理学とか神秘思想などを手に取るようになる。楽しみという感じからはどんどん遠ざかっていました。

――でも、決定的なものには辿り着けない。

そう、辿り着けない。その時点での求めているものってものすごく大きくて、それだけ読めば決定的にラクになるくらいのインパクトがあるものを探していた。今の大人の体感とは違いますよね。今ならそういうものの百分の一ぐらいのものがあれば傑作と思える。その頃はいわゆる傑作なだけでは駄目なわけで。

――本はどうやって選んでいたんでしょうか。

集中力というか、本屋に無数の本があるわけですが、なんとなく雰囲気で分かるんです。半分くらい頭がおかしくなっているので。傍点が打ってある本は駄目だ、章が三点リーダー（「…」）で終わっている本は駄目だ、エクスクラメーションマークが使われている本は駄目だ、という感覚もありました。決定的なことを書く力量があるなら傍点や三点リーダーでは終わらない、ということだったんだと思いますね、理屈をつければ。

――その頃読んだもので印象に残ったものはありましたか。

今でも覚えているのは、それまで少女漫画って読んだことがなかったのに、突然、少女漫画の広い海の中にも可能性があるかもと思って、たくさん並んでいる本の中から大島弓子の『綿の国星』をキャッチしたこと。その時は少女漫画はみんなこうした内容なんだ、これは大変なジャンルだと思ったけれど、実は無数にある可能性の中で、最も決定的なものを最初にピックアップしたということだったんですね。

——何の情報もなく、あの名作を手にされたというのがすごい。

それを見つけないとすごく困るという、必然性があると、センサーが働くんです。

——その頃は、詩歌には触れなかったんですか。

中高生の頃は触れませんでした。確かに理屈から云うと、決定的なことが書かれてあるというと詩のようなものだろうし、ある意味詩を求めていたんだと思うけれど、実際に存在している詩という形のものは、あんまり認識していませんでした。

## ■抱いていた違和感にしっくりきた作品

——大島弓子さんのほかには、覚えている作品はありますか。

先ほども挙げた木村敏という精神病理学者の論文集のようなもの、清水俊二訳のレイモンド・チャンドラー、倉橋由美子。大藪春彦も読んだなあ。もっと後になると、狩撫麻礼の原作の漫画を読みました。

——それぞれタイプが違うように思えますが、どのような点に惹かれたのでしょう。

木村敏に関していえば、自分が感じている違和感が、自分固有のものじゃないと分かったんです。分裂親和的なメンタリティの人にはある程度共通するものなんだ、と分かった。彼は臨床の人だから、自分が感じているのと同じようなズレ方をしている他の人のことがたくさん書いてあって、それが哲学的にどういうことか説明されていて。最初は『時間と自己』という新書を読んで、そこからハマって全部読みました。大学生の頃、授業中に読んでいましたね。

——それほど、しっくりくるものがあったということですか。

自分の実感に即したことが書いてあるので、知識としてとらえようとしなくても、何が書かれてあるのか理解できるんです。自分の置かれている状況が唯一無二の特別なものだと思っていたのが、そうじゃないのか、と意識が相対化させられた。それから自分よりも自分の状況を説明できる人がいるという驚きもありました。それが哲学というか、この世のあり方と密接に関わっているんだ、という驚きも。逆に云うと、自分の違和感をベースにして世界というものを認識することが可能なんだということが分かったんです。違和感というのは、例えば、水を飲む時だって、コップに手を近づける動作が続いて、いいタイミングで手がすぼまってコップをつかむでしょう。そういうことは誰も問題にしないけれど、もしかするとコップの手前で手がすぼまって、うまくつかめない可能性だってあるんじゃないか、とか。そういう違和感が肥大していたんです。

——チャンドラーに関しては。

中学生ぐらいの時から読んでいました。原文がどうなっているのか分かりませんが、清水訳って、無意味なことがいっぱい書かれてあるんですね。例えば自分がいて誰かがいて、お互い飲み物を飲んでいる。ふたりのグラスを手に持ってお代わりを注ぎにいく途中で、どっちがどっちのグラスか分からなくなる。そういった、小説の筋とはまったく関係ないけれど、でも実際に起きることが書かれてある。僕が思春期の頃に混乱していた感じというのは、そのグラスがどっちがどっちか分からなくなる感覚が極端に肥大してしまって、小説でいうストーリーや対人的な会話にあたる部分が見えなくなってしまう感覚だったんです。色盲検査表の中には図形や文字があるけれど、それを消しているノイズとされている部分に飲まれてしまうような。だから友達に「おはよう」と云われても、反応が悪かったんですよね。その、飲まれる側の感覚がすごく出ているんです、清水訳のチャンドラーは。いったん誰かの部屋から出た後に抜き足差し足で戻って隙間から覗くと、相手が虚空を見つめていた、とか。ストーリー上無意味な描写が多い。或いは、ある店に入って、まずそうなサンドイッチが出てきたという描写があって、しばらく別のことが書かれ、そのサンドイッチを食べると驚くべきことにうまかった、という描写がある。すると僕は声を出すほど衝撃を受ける。そのノイズの部分をなぜ小説に書くのか、と。

——そうした記述をしてしまうのはなぜなのか、と。

そうしたものは他にもあって、例えば大隈正秋さんという人が演出していたテレビアニメの初代の『ルパン三世』は、番組の冒頭で峰不二子がシャワーを浴びながら鼻歌を歌っている。隣の部屋でルパンと次元がそれを寝転がって聞いていて、しばらくしてから次元が「ちっ、ヤな歌だぜ」と云う。なぜわざわざ、次元にそれを云わせるためにその歌を延々と流すのか。格好いい、ということがあるんだろうけれど。だから僕は大隈さんのルパンがすごく好きでしたね。

――日常はそうしたノイズ部分であふれていますよね。

無意味とかノイズとかいうのは、いわゆる我々の合目的意識の外ってことですよね。生き延びるため、サバイバルに有効か無効かというとあきらかに無効。じゃあサバイバルに効力を発揮しない部分というのはなんなのだろう、という。「おはよう」と云われた時に瞬時に明るく「おはよう」と返せないとヘンな奴だと思われるだろうけれど、じゃあそれは単にネガティブなことなのかどうか。でもそれは学校でももちろんそうだけれど、会社に入るとますますネガティブ度を増してしまう。会社のほうがより合目的性に厳しくなりますから。チューニングを強化しなければいけない場所だから。

――大藪さんの作品にも、そうした描写は多かったのですか。

一見ないように見えますけれど。デビュー作の『野獣死すべし』から始まって、全部読みましたが、ある作品には、肛門洗浄をしたという描写が何回も出てくるんです。ご飯を食べた後必ずうんこして、肛門を洗う。普通、小説ってご飯すら毎回書かないし、うんこも書かないのに、それを執拗に書いているんです。そうすると、ヘンにそこにトリップ感が生まれてくる。それはリアリズムじゃない。リアルだからトリップするのではなく、宿命に対する抗(あらが)い、というか抵抗の姿勢を感じるというか。

――倉橋由美子さんはいかがでしたか。

実際には思春期の感覚って無様なものなんだけれど、それがある価値観みたいなものに転化されているんですよね。つまり「おはよう」と云って明るく「おはよう」と返せることのほうが侮蔑されたりする。観念のほうが世界に対して優位になりうるという幻想を抱かせてくれたんですよね。

――狩撫麻礼原作の漫画というのは。

『ボーダー』とか、映画にもなった土屋ガロン名義の『オールド・ボーイ』、松田優作で映画にもなった『ア・ホーマンス』などの作者です。合目的性への反乱というか、価値の転換というものが図られているんですよね。価値の転換というのは度合いによって狂気に分類されたり、芸能に分類されたり、異思想に分類されたりすると思うんですが、まったくどれでもなく、完全に普通のものとしてありうるだろうというような意識が僕にはあって。しいて云えば、詩だって、今みんな普通のものだと思っていない。でも詩だって狂気や芸能や神秘思想に類するものという位置ではなく、もっと真ん中にあるものじゃないかと思っているんです。ああ、そういうものとしてはSFもありますね。

――異思想にみなされるものとして。

フィリップ・K・ディックとか。僕はシオドア・スタージョンが好きなんですが、ある種SFは必ず脇においやられるわけです。

――ちょっと世界が違えば、人の行為も違う意味を持ってくるかもしれませんね。

そのはずですけれど、実際には現世におけるサバイバルの形というのは非常に強固なものだから、そうそう変動はしないでしょう。

――ディックやスタージョンでは、そうした世界が描かれている。

ディックに、それこそコップをつかもうとしてつかめない描写があったような気がします。ただ、そんなには読んでいませんね。スタージョンはみんな好きです。あえて挙げるなら「雷と薔薇」というのがすごく好きで。

――その、好き、というポイントはどこにあったのでしょう。

うーん。ロマンチックだからかなあ。

――ＳＦを読んでいたのは、中学から大学にかけてですか。

海外のＳＦはあまり読んでいませんが、中高あたりで小松左京や筒井康隆、平井和正などは読んでいました。

――決定的なものを探している頃に、国内のＳＦもやはり読まれていた、と。

やはりいきますね。山田正紀くらいまでかな。異常なことがいっぱい書かれてあるじゃないですか。異常なことが書かれてあることが大事でしたから。大島弓子だって、ごく普通の自分の気持ちに従っていくと、どんどん異常になっていく。本人の行動もそうだし、それにともなって世界が異常になっていく。その異常さが加速することで、最終的にあるマジカルな、奇跡的なロジックによってハッピーエンドを迎えるという構造。一回性の論理によって、前半は異常さが増し、後半では本人の夢を叶(かな)えるという奇跡みたいなことが描かれるんです。同性を好きになるとか、猫が人間になるはずとか、宇宙人と話をするとか、予知夢を見るといった、この世のスタンダードからずれている夢が報われる。この世の論理にそって報われるのでは報われたことにならなくて、ノイズ側の論理で世界が覆されてハッピーエンドになっている。

——この世の論理でのハッピーエンドではないところが重要ですね。

例えば、夏でも長袖の人や、雨でも傘を差さない人がいる。そういう人を見るとすごく反応するんです、僕は。大島弓子の話はそれを極端にしたようなもので、夏でも半袖を着ないこと、雨でも傘を差さないことがその人を滅茶苦茶な窮地に陥れる。この世の論理が追い詰めるんです。でも、夏でも長袖のこと、雨でも傘を差さないことが、最終的にはその人にとっての報われるものだという形で展開する。そのことがやっぱりすごいと思う。

## ■短歌に出会う

——短歌に出会ったきっかけは、学生時代にあったと思うのですが。

一緒に住んでいた男友達が、塚本邦雄という歌人の歌集を読んでいて、覗き込んだら真っ白い紙に一行しか言葉が書いていない。そこに、異常な感じがしたんです。さらに読めない漢字や旧仮名遣いが目に入って。僕にとっては異常ということが大事なので、その異常さに惹かれたんですね。そこから読み始めて、林あまりや俵万智の口語短歌の実例を見てから、これなら自分も作ることができる、と思ったんです。

——ご自身でも作りたくなった。

異常なことを書いて、この世の社会的な価値として認知される、そういうものがあるんだと思って。といってもほぼお金になったりしないジャンルですけれど、まあ異常なことを書いて何十年もやり続けていると、実際、こうやって話を聞いてくれる人が現れるわけで。部屋でひとりで今喋（しゃべ）っているようなことを云っていたら、それは狂っていることになる。だからある意味今の状況は大島弓子的ハッピーエンドともいえるかもしれません。

——大学は北海道大学に進学して、そこから上智大学の英文科に入りなおされていますが、転学を決めた理由は。

よく聞かれるんですけれど、うまく答えられないんです。十代の頃って頭が煮えていて、本当になんとなく、なんです。北大は楽しかったんですけれど。

——学生時代、雑誌もかなり読まれていたそうですが。特にマガジンハウスの雑誌を。

ああ、読んでいました。『オリーブ』が好きでした。素敵なことが書いてあるじゃないですか。

——八〇年代の少女たちのバイブルです。

素敵なことが書いてあるのがすごく好きで。でも『ポパイ』や『ブルータス』は自分と関わる。自分はそれをステップとして踏めないだろうという感じがあった。『ジュニアそれいゆ』も好きなんですけれど、女の子が素敵になる、そういうことにすごく憧れるんですよね。『オリーブ』は創刊準備号も持っています。休刊になったのは衝撃的でした。栗尾さんが若乃花と結婚した時も、世界がゆがんだような気がしました。

——卒業されて、就職されて。エッセイ作品でもよく会社のことが出てきていましたが、今はもうお辞めになったのですか。

三、四年前に辞めたんです。十七年くらい勤めていたんですけれど。二足の草鞋（わらじ）が履ききれなくなったこともあるし、目を悪くしたこともあって。それで優先順位が変わりました。

——では、最近の読書生活は。

どんどん読まなくなっています。でも、買うようにはなりました。夢の世界を現実に投影する人って潜在的にいると思うんです。満州マニアのおじさんとか、海の底に沈んだ古代文明が好きな人とか。僕もそういう傾向があって、日本語なんだけれど特殊な書体で書かれていたり、現在ではありえないレイアウトやタイポグラフィーが載っているものが好きで。そういうものを買ってしまうんですね。時間がある時は古書店に行くし、ネットでも買います。ただ、読む冊数は少ない。読むのがどんどん遅くなっているんです。先日オーストリアに行った時、飛行機で片道十時間かかるのに、やっと一冊読む程度。それって遅いですよね。書評なども書いているのに、困っています。

――最近読んで、印象に残っている本を教えてください。

最近じゃないけど、今ぱっと思い出したのが、飛浩隆さんの『象られた力』と『グラン・ヴァカンス』、中井拓志さんの『アリス』。特異な感覚が世界を覆すような、独自のロジックがそこにあるものが好きなんです。

――ちなみにオールタイムベストと聞かれたら。

小説では『長いお別れ』かな。ただ漫画を入れると、一気に増えちゃいますね。『デビルマン』とか外せないでしょう、楳図かずおさんも外せないでしょう。

## ■サバイバル原則からの逸脱を意識して

――今でも本は感覚のセンサーで見つけ出されているのですか。

そうですね。タイトルで判断したり。中身を見て、ちょっとでも普通のことが書いてあると読まないですけれど。

――普通のことと、そうでないものをパッと見て分かる感覚とは。

パッと見た時、それが抽象に見えることがある。そういう感じです。具象の反対というのではなく、現実にないオーラをおびているものは、抽象に見える。記述が現実的でも、例えば肛門洗浄が何十回も出てくると、すごく抽象的に感じる。リアルだって思えないんですよね。

――行為が繰り返されると、儀式的な何かと解釈されることもあると思いますが。

どうしても儀式や祈りに見えることが多いんですよね。でも、この世の理の中で、儀式や祈り、狂気だったり、瞬間的なイレギュラーとして認識されるだけであって、実際はそうじゃない。儀式や祈りというとそこで終わってしまうけれど、抽象とかロジックというと、まだ先がある。完全にロジックという形で描いたのが大島弓子だと思う。だから大島さんがすごく好きなんだと思います。

――決してこの世の論理に落とし込まないロジックを使って。

完全な形で記述することって難しいと思うんです。なぜかというと、サバイバルは悪じゃないから。「おはよう」と明るく挨拶を返すこと自体、悪じゃない。大島さんはそこもちゃんと描いてますよね。我々が生き延びるための必須の要件として選び取っているものなわけだし、誰しも生き延びようとしないと、死んでしまう。そこから完全に逸脱することはできないんです。「これは宗教ですよ」「これはお笑いですよ」といって逸脱する人はいますけれど、お笑いの人だって何十年もやっていると顔が険しくなっていく。あれはサバイバル原則に反することをやっているからなんでしょうね。

――ご自身が作品を作る際にも、サバイバルの原則から逸脱しようという意識は強くお持ちですか。

強いと思います。読む人は分かると思う。ただ、それをカテゴライズする時、向こう側のレッテルをみんなが使うから、例えば「脱力」とか云われてしまう。でも実際に起きていることは脱力じゃなくて緊張ですよね。逆らおうとしているのだから、ものすごく緊張している。

――「脱力」という言葉が選ばれることに、やはり抵抗はありますか。

ただ、かつては「脱力」という言葉に、肯定的な価値観はなかったですよね。それなりに変動はしているなと思います。出力する時に「脱力」といってしまうだけであって、今僕が話してきたようなことは、正確に読者には伝わっていると思っています。

――『世界音痴』や『にょっ記』といったエッセイなどでは、虚実入り交じっていますよね。電車の中で耳にした会話とかも、あまりに面白くて、本当のこととは思えなくて。

中学生の頃から体感があまり変わっていなくて、この世界を覆す脱出法をサーチしていくと、電車の中の人の話も、この世からずれた世界にいく扉として認識される。事実といえばみんな事実だけれど、描き方としてバイアスがすごくかかっているんです。まあ、言葉ですからね。音楽や彫刻なら、どこまでが事実でどこまでが創作か問われませんよね。

――『現実入門』ではいろんなことにチャレンジされていますが、プロポーズにも挑戦されていて、刊行当時、私の周囲では「穂村さんが美人編集者と結婚した！」と話題になっていました。でもあれは……。

美人編集者とは結婚してないですけれどね。ただ、あの時期に結婚したのも、親に挨拶に行ったのも事実です。

──歌集では『手紙魔まみ、夏の引越し（ウサギ連れ）』などに登場するまみという少女の存在が気になります。

女の人って男の人に比べると、合目的性の外に立たされているでしょう。言語体系とか、社会システムとか。いくら僕が思春期に危機感を持ったとしたも、同じ感度を持った女性がいれば、その人のほうがもっと危機的なんだろうという感じはあります。まあ、これまでにもあるじゃないですか、『不思議の国のアリス』とか。

──『しましまゼビー キャンプにいく』など絵本の翻訳もされていますが。

絵本が好きだということもありますね。特殊なデフォルメがあるでしょう。それが好きなんです。詩歌と同じように再読や音読がしやすいところも。

# 初出一覧

| | |
|---|---|
| まえがきにかえて | 朝日新聞二〇一七年四月一六日 |
| I | |
| その凄さ海のよう | 共同通信二〇一二年三月配信 |
| 思春期最強のバイブル | 「Grazia」二〇〇八年五月 |
| かっこいい部屋 | 「Grazia」二〇〇五年五月 |
| 物語のない時代 | 「Grazia」二〇〇七年六月 |
| 桃太郎の桃の運命 | 共同通信二〇一三年三月配信 |
| マンモスと女の子 | 「GOETHE」二〇一〇年一月 |
| 全開の「好き」 | 「Grazia」二〇〇五年一一月 |
| 世界を変える魔力 | 共同通信二〇一二年六月配信 |
| 命を甦らせる快楽 | 「Grazia」二〇〇七年五月 |
| 瞬間冷凍された「今」 | 「Grazia」二〇〇七年一二月 |
| 猫目小僧は誇り高いヒーローだった | 「GOETHE」二〇〇九年一月 |
| 昭和初期を生きた永遠の少女 | 「Grazia」二〇〇八年六月 |
| こんな場所で生きているんだなあ | 「Grazia」二〇〇八年七月 |
| ごはんの友 | 「Grazia」二〇〇八年八月 |
| 一推しの句集 | 「GOETHE」二〇〇八年九月 |
| 「ふたご」の作り方 | 「Grazia」二〇〇八年一〇月 |

| | |
|---|---|
| ぎりぎりの現実というエンタテインメント | 「GOETHE」二〇〇八年一一月 |
| シャープペンシル一本で創られた異世界 | 「Grazia」二〇〇八年一二月 |
| 隙間から零れ落ちた「何か」 | 「Grazia」二〇〇九年一月 |
| 俺はあの時、純粋だった | 「Grazia」二〇〇九年二月 |
| ミルクティは天国の飲物 | 「GOETHE」二〇〇九年五月 |
| 読者に感動を許さぬ登場人物たち | 朝日新聞二〇一〇年二月二一日 |
| 異様な個性も失敗も許す柔らかさ | 朝日新聞二〇一〇年四月一一日 |
| 生のただ中に降る、死の流星群のよう | 朝日新聞二〇一〇年七月二五日 |
| 永遠の青春の幻 | 「GOETHE」二〇一〇年九月 |
| 昔の本から新しい「今」を切り開く | 朝日新聞二〇一〇年九月一二日 |
| 薬としての読書 | 「GOETHE」二〇一〇年一一月 |
| 「ありえない」の塊のような女の子 | 朝日新聞二〇一一年三月二〇日 |
| 大人にはない固まりかけの言葉 | 朝日新聞二〇一一年五月一五日 |
| 神様の囁き声を捉える感性 | 朝日新聞二〇一一年六月二六日 |
| リアルタイムの痛み | 共同通信二〇一一年六月配信 |
| 巨大ロボットの私を操縦する小さな私 | 「GOETHE」二〇一一年七月 |
| 平凡な世界で「特別」を感じる | 朝日新聞二〇一一年一二月一一日 |
| 私を絶望させる言葉の使い手 | 共同通信二〇一一年一二月配信 |
| イケてない女の悲しみ、炸裂 | 朝日新聞二〇一二年二月一二日 |
| 「人」と「人の姿をした人でないもの」との愛の物語 | 「GOETHE」二〇一二年三月 |
| どこへおちるかわからないの | 「GOETHE」二〇一二年五月 |
| 磨き直された言葉たち | 「Precious」二〇一二年五月 |

十五年間ひと言も口をきかない男　「GOETHE」二〇一二年七月
理想の淋しい場所　共同通信二〇一二年一二月配信
生きてることがホントに限界なヤツ　「GOETHE」二〇一三年五月
まだ何も起きていないのに怖い　「GOETHE」二〇一三年七月
世界の限界が知りたくて　共同通信二〇一三年九月配信
真っすぐに進め　共同通信二〇一一年三月配信
わからなくても　朝日新聞二〇一六年二月二一日

## Ⅱ

これは一体何なのだ　川上弘美『物語が、始まる』中公文庫、一九九九年九月
「時間」が見える人　本上まなみ『ほんじょの鉛筆日和。』新潮文庫、二〇〇六年六月
孤独のひかり　本田瑞穂『すばらしい日々』邑書林、二〇〇四年六月
転校生登場　四元康祐『四元康祐詩集』現代詩文庫、二〇〇五年七月
洞察観音　酒井順子『食のほそみち』幻冬舎文庫、二〇〇五年八月
この世の友達への眼差し　井伏鱒二『井伏鱒二全詩集』岩波文庫、二〇〇四年七月
「これから泳ぎにいきませんか」　二階堂奥歯『八本脚の蝶』ポプラ社、二〇〇六年一月
天使、或いは本当の人間　別冊太陽　太陽の地図帖『楳図かずお『漂流教室』異次元への旅』（平凡社）、二〇一七年五月
現実直視の果ての「夢」　筒井康隆『銀齢の果て』新潮文庫、二〇〇八年七月
詩の秘密の在処　谷川俊太郎『風穴をあける』角川文庫、二〇一三年九月
夢のようにリアル　三浦しをん『秘密の花園』新潮文庫、二〇〇七年二月
〈私〉は生きてる　山川彌千枝『薔薇は生きてる』創英社、二〇〇八年二月

世界を裏返す手
名付ければその名になるおまえ
「本当のところ」の味
「あみ」と「ａｍｉ」
みんな忘れてしまう眼をして
次のステップ
僕が君ならそんなことはしない
時間差異能デュオ
オノマトペの詩人
「ヴー」から「ぬか漬け」まで
「けれども、君は、永遠じゃない。」
透明な魔術
「五つ目の季節」の歌
透明な革命
特別なセンサー

平松洋子『世の中で一番おいしいのはつまみ食いである』文春文庫、二〇〇八年八月
俵万智『プーさんの鼻』文春文庫、二〇〇八年一二月
上原隆『にじんだ星をかぞえて』朝日文庫、二〇〇九年六月
平岡あみ詩／宇野亜喜良絵『ａｍｉ』ビリケン出版、二〇〇九年一二月
東直子『水銀灯が消えるまで』集英社文庫、二〇一〇年二月
木地雅映子『悦楽の園』下巻、ポプラ文庫ピュアフル、二〇一〇年五月
枡野浩一『結婚失格』講談社文庫、二〇一〇年七月
高橋源一郎『ミヤザワケンジ・グレーテストヒッツ』集英社文庫、二〇一〇年一〇月
山田芳裕『へうげもの』七服、講談社文庫、二〇一一年七月
鴻巣友季子『全身翻訳家』ちくま文庫、二〇一一年八月
メガミックス『傑作！広告コピー５１６　人生を教えてくれた』文春文庫、二〇一二年三月
寺山修司『寺山修司全歌集』講談社学術文庫、二〇一一年九月
山田航『さよならバグ・チルドレン』ふらんす堂、二〇一二年八月
浅生ハルミン『私は猫ストーカー　完全版』中公文庫、二〇一三年一月
高橋源一郎『大人にはわからない日本文学史』岩波現代文庫、

二〇一三年六月

怖ろしいほどの理想主義　北村薫『元気でいてよ、R2-D2。』集英社文庫、二〇一二年八月（角川文庫、二〇一五年一〇月、再録）

もうひとつの時間　フジモトマサル『二週間の休暇 新装版』講談社、二〇一六年三月

女神と人間と　萩尾望都『一瞬と永遠と』朝日文庫、二〇一六年五月

今という戦場　松田青子『スタッキング可能』河出文庫、二〇一六年八月

森脇ワールドのこと　森脇真末味『おんなのこ物語』三巻、ハヤカワコミック文庫、二〇〇六年三月

私の読書道　WEB本の雑誌「作家の読書道」第八三回、二〇〇八年九月二四日更新

＊本書収録にあたり、見出しは一部変更しています。

＊漫画の台詞を引用する際は一部、句読点を補いました。

# あとがき

穂村 弘

子供の頃、買ってもらった本の中に「忍者は一日に四十里を走ります。足の甲で走るのです」という言葉があった。衝撃だった。特に「足の甲で走る」ってところ。それが速さの秘密だったのか。さっそく試してみたけど無理。立てない。でも、本には走る忍者の姿がちゃんと描かれている。途轍（とてつ）もない前傾姿勢だ。

その後、『母をたずねて三千里』を読んだ時、「3000÷40＝75」で、マルコ少年が忍者だったら七十五日でお母さんと会えたのか、と考えた。でも、大人になってから、その原作は『クオレ』の中の「アペニン山脈からアンデス山脈まで」という話で、マルコ少年の移動距離も「三千里」よりもっと長いという説や逆にずっと短いという説があることを知った。また、大正生まれの先輩歌人によれば「私が子供時代に読んだ本では主人公は『マルコ』ではなく『たみ』で国内を移動していました」とのこと。なんだろう。本を読めば読むほど世界がシャッフルされて全てがわからなくなってゆく。そこにときめきを感じる。

今までに書いた書評や文庫解説などを集めた本です。収録する文章の取捨選択と構成は須川善行さんと伊藤靖さんにお願いしました。またタイトルの「これから泳ぎにいきませんか」は、文中に引用した二階堂奥歯さんの言葉から須川さんがつけてくれました。どうもありがとうございました。

二〇一七年十月二十七日

追記

文庫化にあたって谷川俊太郎さんと読書についての対談をさせていただきました。ありがとうございました。愛蔵の御本を拝見しながらお話を伺う時間は最高でした。

二〇二一年六月十三日

# 巻末対談　谷川俊太郎さんに読書体験を聞きました

**谷川**　僕、本はほとんど読んでいないんですよ。

**穂村**　いきなりですね（笑）。

**谷川**　生まれた時からこの家には、本がありあまっていたんですね。だからなんとなく嫌になったんですよ。

**穂村**　ずっとこの杉並のお家（うち）にお住まいなんですか。

**谷川**　そうですね。改築したので、当時のままの建物はちょっとしか残っていませんが。

**穂村**　戦争の時もご無事で。

**谷川**　はい。蔵書とかも全部、焼けないで済みました。でも庭に掘った防空壕に、父（哲学者の谷川徹三）がゲーテ全集なんて大事に運び入れておいたら、そっちは全部水浸しになっちゃいました。

**穂村**　ゲーテ全集、お父様にとってはそれだけ大切だったんですね。

**谷川**　そうなんでしょうね。とにかく僕にとって、本は買うものではなくて、そこにあるものっていう意識でした。

**穂村**　まあ、ゲーテ全集だと、子供の手もなかなか伸びないですよね。僕らの頃は、子供が自分で手に取ろうとする本って、江戸川乱歩とかでした。

**谷川**　江戸川乱歩は父と中学が一緒でしたから（旧制愛知県立第五中学校）、うちには乱歩の本もありましたけどね。でも僕はエドガー・アラン・ポーのほうが好きでした。

**穂村**　谷川さんは、ミステリーはお好きですか。

**谷川**　ほとんど読んでないんです。

**穂村**　詩人はミステリーと関わる人が多いという印象を以前から持っていまして。

**谷川**　ああ、なるほど。

**穂村**　そもそも詩人のポーはミステリーの創始者ですよね。ご友人の詩人、田村隆一さんはミステリーの翻訳でも有名ですし。

**谷川**　僕は読み終わっても、筋を全然覚えていないんですよ（笑）。アガサ・クリスティーなんかも、ドラマや映画になったのをテレビで見るくらいです。テレビだったら筋を追わないで、場面や会話の面白さだけで見られるでしょ。

**穂村**　じゃあ、ＳＦも読まれない？

**谷川**　あ、ＳＦはずっと好きだったんですよ。なんて云うのかな、あれはイメージの作品なんでしょうね。日本の私小説とは全然違うものでしょ。僕はわりと科学少年――全然物理のわからない科学少年で、『二十億光年の孤独』とかも書いてた人間ですから。

**穂村**　そうか。『二十億光年の孤独』もどこかＳＦ的ですものね。

**谷川**　そうなんですよ。だから早川書房でSFのシリーズが出始めた時には、随分読みました。ロバート・シェクリイの『人間の手がまだ触れない』とか。

**穂村**　いいですね。レイ・ブラッドベリの『火星年代記』とかも？

**谷川**　ブラッドベリは、ちょっと別格ですね。短編が凄く好きで、SFとして読んでいないですね。

**穂村**　散文詩のように読まれている。

**谷川**　そんな感じです。

**穂村**　『火星年代記』は、詩人の岩田宏さんが小笠原豊樹名義で訳されていて、名訳ですよね。

**谷川**　もう、彼の訳でなきゃ読めない。やっぱり翻訳によって変わりますからね。とくにプレヴェールの詩集は小笠原訳でないと。

**穂村**　素晴らしいですよね、小笠原訳のジャック・プレヴェール。そうか、やっぱり谷川さんもそう思ってたんだ。

**谷川**　圧倒的に、たとえどんな誤訳があろうと、小笠原豊樹訳がいいと信じ込んでいます。

**穂村**　いいこと聞いたなぁ。「谷川さんも小笠原訳がいいと云ってるぞ」、メモしておこう。

## ■思い出の本

**谷川**　子供の頃に読んだ本を、書庫から探してきたんですよ。

**穂村**　ありがとうございます。凄い。よくこれだけ残ってましたね。

**谷川**　これが僕が一番最初に読んだっていうか、接した本ですね。

**穂村**　（本を受けとって）『小さき生きもの』（岩波書店、一九二八年。原書は、Mary Frances Blaisdell 作、Clara E. Arwood 画の *Cherry Tree Children*）。絵がかわいい。

**谷川**　かわいいでしょ。でも男の子にとっては、全然興味が持てない本でしたね。野上弥生子の訳も、いかにも古風な繰り返しの多い文章で、あまり好きじゃなかったんです。この本には、原作者の名前も原題もどこにも書いていないんですよ。当時は著作権に関してもいいかげんだったんですね。

**穂村**　これは買って貰ったんですか。

**谷川**　野上弥生子さんに貰ったんじゃないかな。夏になると北軽井沢の別荘に行ってまして、野上さんはそのお隣だったんです。赤ん坊の頃から「野上のおばさん」って親しくして貰ってたんですよ。

この『日本童話集』（上下巻、金正堂、一九三四年）は、僕にとって最初の教養なんです。

『小さき生きもの』表紙

**穂村**　（めくりながら）「台湾童話集」、「朝鮮童話集」、「アイヌ童話集」まで収録されてますね。

**谷川**　戦前の本だから、本土の童話と一緒に、当時の植民地の童話まで入っているんですね。十代の頃に愛読してました。落語とかも入っているから、結構面白くて。

これも好きな本でしたね、『君たちはどう生きるか』（吉野源三郎）。

**穂村**　僕も読みました。そうか、谷川さんの時代から。これは「少國民文庫」、新潮社版ですね。奥付が昭和二十三年だから、谷川さんが十七歳の頃ですか。

**谷川**　もうちょっと前に読んでるんじゃないかな。記憶があいまいですね。コペル君がちょっとインテリの子で、なんとなく自分と似てたもので、感情移入しやすかったんです。コペル君の発見した「人間分子の関係、網目の法則」、これをわりと覚えてます。

この『美しき世界』（中央公論社、一九四〇年）も野上弥生子さんの訳した本ですけれど、高校生の時に読んで、凄く感動したんですよ。本当に通俗なジュブナイルっていうか、ヤングアダルトもの。

**穂村**　（表紙を開いて）「謹呈　谷川俊太郎君」って書いてある。これも貰ったんですか。

**谷川**　そう（笑）。この本も、原作者も何も書かれていない、いかにも当時の本ですが、

こっちの『ぼく、デイヴィッド』（エリナー・ポーター、中村妙子訳、岩波少年文庫、二〇〇七

『日本童話集』下巻箱

年）は、おんなじ本の新訳なんですよ。

**穂村**　全然違うタイトルですね。

**谷川**　この『シュベイク』（上下巻。奥付等は「勇敢なる兵卒　シュベイクの冒険」。ヤロスラフ・ハシエーク、辻恒彦訳、衆人社、一九三〇年）は、一番面白いと思った本ですね。よく覚えていませんが、父の本棚の本のなかで、珍しく漫画っぽい絵があったから手にとったんじゃないかな。チェコの反戦文学なんですが、色っぽい話も多くて。

あと、手元に残っていませんでしたが、『シートン動物記』や『アンデルセン童話集』も大好きでした。『アンデルセン童話集』は岩波文庫版を高校生の頃に読んだのかな。大畑末吉さんの訳もよかったですね。イングマール・ベルイマンの映画を観た時、アンデルセンから感じたものに近い何かを感じましたね。

**穂村**　へえ。どちらも北欧だからかな。

**谷川**　そうかもしれない。どうしようもないような悲しみみたいなものを、アンデルセンとベルイマンは共通して持っていましたね。

**穂村**　子供向けの雑誌や漫画、「少年倶楽部」とか『のらくろ』、『タンクタンクロー』なんかも読んでいたんですか。

**谷川**　もちろん読んでましたよ。「少年倶楽部」は毎号、

『シュベイク』上巻表紙

とってもらっていたと思いますね。あと絵本の「キンダーブック」とか。「少年講談」を結構愛読していました。『霧隠才蔵』とか『真田幸村』とか。

**穂村**　血湧き肉躍る活劇世界。

**谷川**　そうそう。

**穂村**　お話を伺っていると、読んでいないとおっしゃっても、やはりたくさん読まれていますね。

**谷川**　精読していたわけじゃないですよ。子供だから、好きな部分だけ目を通すみたいな読み方で。

**穂村**　周りにも読書家が大勢おられたから、そうした人たちと比べたら、というような意識なんでしょうか。

**谷川**　そんな生意気なこと考えていませんよ（笑）。本当に自分が好きなもの、興味のあるものしか読んでいない、というのが一番正確なんじゃないかな。興味がないと、途中で読むのをやめちゃいますから。

**穂村**　今日見せていただいた本では、日本文学よりも翻訳書のほうが多いですね。

**谷川**　明らかに翻訳書のほうを読んでましたね。日本の古典文学なんてほんとに無知蒙昧でした。父の蔵書も、洋書の翻訳書のほうが多かったと思います。ゲーテ全集をはじめとして。

**穂村**　ドストエフスキーとかはどうでしたか。

**谷川**　いやそれが、ずっと僕は読んでないことが劣等感で。『カラマーゾフの兄弟』なんかも、最後まで目を通しても、ああいう大長編は頭に入ってこないんです。アンデルセンとか短いもののほうが好きなんですよ。小笠原豊樹にも馬鹿にされましたね。彼が訳したものをなんとか最後まで読んで、「この人とこの人の関係がわからない」って云ったら、「ええ！　ほんとかあ？」って感じで。

**穂村**　シェイクスピアはいかがですか。

**谷川**　とにかくあんなスケールの大きい詩人はいないんだっていう頭がありますが、でもあれは、芝居を観ないといけませんよね。英語だから僕にはわからないのですが。訳文で日本語として読んでも、あんまり快くないんです。英語で書かれた音楽みたいなもので、それを意味だけ読んでもしようがないんじゃないかと思っています。シェイクスピアのソネットは吉田健一訳が一番好きで、それは読んでるんですけれどね。

**穂村**　やっぱり翻訳書の場合、訳者は大事ですか。

**谷川**　僕のなかでは、シェイクスピアのソネットは吉田健一、ブラッドベリは小笠原豊樹、みたいに決まっちゃってますね。その人の翻訳でないと読めない。

**穂村**　谷川さんは、原書で読まれることもありますか。

**谷川**　『ピーナッツ』は原書で読みました（笑）。マザー・グースも（チャールズ・M・シュルツ『ピーナッツ』と『マザー・グースのうた』は、いずれも谷川の代表的な訳業）。『ピーナッツ』との出会いは、読書体験という意味でも大きかったですね。ある程度は英語もわかったほうがいいと思って、今はCNNのニュースなんかを見てるんですよ。

**穂村**　海外に住まれたことはあるんですか。

**谷川**　九か月ほどですね、ニューヨークを中心に。

**穂村**　お仕事で？

**谷川**　当時、ジャパン・ソサエティ・フェローっていう、絵描きでも作家でも、日本の中堅クリエイターをアメリカに呼んでくれるシステムがあったんです。アメリカって金持ちだなぁって感心しましたね。それで九か月のうち二か月はアメリカ以外に行けってことで、車を買ってヨーロッパも回りました。あれは前の東京オリンピックのすぐあと、一九六六年のことですね。

**穂村**　前の東京オリンピック、谷川さんはご覧になりましたか。

**谷川**　感動的でしたね、六四年のオリンピックは。僕は記録映画で参加してたんですよ。市川崑さん監督の元で、脚本の一人として。脚本は市川さんと、市川さんの奥さんで脚本家の和田夏十さん、それに白坂依志夫さんと僕、みんなでやりました。開会式では僕、カメラも回したんですよ。

**穂村**　ええっ、凄い。

**谷川**　で、一カット採用されています。

**穂村**　その時はおいくつでしたか。

**谷川**　六四年だから、三十三歳かな。

**穂村**　若いですね。

**谷川**　今のオリンピックとは全然違いますね。お金が絡んでいる影が全然なかったし。

**穂村**　オリンピック自体が商業主義化する前ですよね。

**谷川**　前ですよ。今みたいにバカ高い放映権なんていうものも全然なかった頃だから。

## ■文系・理系ではなくて〝美系〟

**穂村**　日本の近代文学では、とくに惹かれた作家は誰ですか。

**谷川**　夏目漱石は、今になっていいと思っていますが、若い頃には全然読む気になれませんでしたね。おそらく多少齧ってみたところで、あんまり面白くなかったんじゃないかな。だいたい高校生の頃は、「ラジオ技術」が愛読書でしたね。雑誌ですけど。「子供の科学」も読んでましたが、「無線と実験」のほうが好きでした。ラジオ少年でしたから。

**穂村**　何かこう、いわゆる詩人のイメージとはちょっと違いますよね。

**谷川**　たぶんそうなんじゃないかなと思います。昔からずっと、どうも違和感があるんですよ。他の人の話を聞いていると、「おれは文学にあんまり関係ない人なんじゃないのか」って。

**穂村**　理系の資質もあるからでしょうか。

**谷川**　あ、理系じゃないんです。それはもう明らかに。〝美系〟とは云えますね。読んできた本よりも、観てきた映画や絵、聴いてきた音楽などのほうが、はるかに自分を作っているんですよ。うちに世界美術全集も揃(そろ)っていたし、SPレコードの時代からベートーヴェンとか聴いてたわけです。文字で読んだものよりも、そっちのほうが自分のキャラクターを形成した記憶がありますね。

基本的に、物が好きなんですよ。真空管ラジオを作ってたし、車とかも大好きですし。デザインにも興味があって。目に見えるもののほうが自分に近しい、そんな感覚があるんです。父親が骨董品(こっとうひん)とか美術品を集めていて、一緒に骨董屋を回ったりした経験からかもしれないけれど、抽象的なものが信用できないようなところがあるんですね。

**穂村**　具体的な感触があるから、谷川さんの詩は読むほうも入りやすいのかな。これは何か裏に本歌どりがあるんじゃないか、みたいに構えなくてもイメージが受け取れるから。

**谷川**　まったくそういうのはダメですね、僕には書けないんです。

**穂村**　谷川さんの詩は、今日に至るまで常に同時代性が感じられて、年齢や歴史性を意識させられませんが、そうした体質みたいなものも関係があるのでしょうか。

**谷川**　体質というか、感性の質でしょうね。僕は本当に歴史は不得意だし。中学時代から、年代を覚えるのも苦手でした。

**穂村**　若い頃はそうでも、年をとると歴史のほうに行ったりする作家も多いですよね。

谷川さんは、歴史に関わってみようかと思ったことはなかったですか。

**谷川**　なかったですね。僕は〝いま、ここ〟人間――歴史的な人間じゃなくて、地理的な人間ですから。気質的にとっ散らかってるんじゃないかな。

**穂村**　絵本や作詞や連詩や朗読など、常にその時代の様々なジャンルの方とコラボレーションを行なわれてきましたよね。親子くらいの年齢差の方から、最近では祖父と子供くらいの関係の若い人たちとも。

**谷川**　年齢差とか、そういう意識はもうないんですよね。

**穂村**　逆に若い頃は、自分の叔父さんやお祖父さんみたいな年齢の偉い人が周りにたくさんいたと思いますが、そういう人たちを前にしても平気でしたか。

**谷川**　いや、ビビッてましたよ。怖いというか、偉いというか、ともかく手が出ないみたいな感じで。仕事を通じて少しずつ名が知られてきますと、対談の仕事なんかもある程度来るようになりますよね、それが凄く苦手だったんです。でもある時点で、わりと人と話ができるようになった気がします。呪縛が解かれたのは、外山滋比古さんと対談した時だったと記憶しています。外山さんの話し方がお上手だったんでしょうね。

**穂村**　谷川さんは、朗読の時とかでも、全然緊張されている気配が感じられませんが。

**谷川**　もう今はそうですけれど、昔はそうじゃなかったんですよ。初めて人前で詩の朗読をしたのは、さっきお話したアメリカに行った時、議会図書館だったんですが、もう胃が痛くて大変でした。日本語だけの朗読でしたが、それでもね。鉄面皮で朗読に向かえるようになったのは、ある程度経験を積んでからです。

**穂村**　そうか、谷川さんも緊張するんだ。

**谷川**　しますよ（笑）。

**穂村**　ああ、よかった。僕が知っている谷川さんは、昔の寺山修司との『ビデオ・レター』（一九八二年から八三年にかけて、亡くなる直前の寺山とビデオ・レターを交わしあった）を見ても、凄い余裕が感じられますし。

**谷川**　そりゃだって彼は年下で、僕を先輩扱いしてくれていましたから。でも寺山の才能には、やっぱり劣等感を感じることもありましたよ。

**穂村**　それも意外ですね。そういえば、寺山とか、ちょっと違うけど三島由紀夫や澁澤龍彦たちが持っていた、アングラとか幻想とか耽美とか、そんな時代に特有のムードが、谷川さんにはあまりない気がします。

**谷川**　まあ、あまりないですね。

**穂村**　同時代のあの人たちのことは、どう思われていたんですか。

**谷川**　あの人たちって云われても（笑）。三島さんは、僕の最初の奥さんの岸田衿子さんのお父さん、岸田國士のところに出入りしてましたから、北軽井沢の夏の家で、三島さんの乗馬につきあったりはしましたけれど、作品には最後まであまり興味を感じませんでしたね。

## ■詩を書くきっかけ

**穂村**　詩集は、詩を書くようになるまで読んではいなかったのですか。

**谷川**　全然読んでなかったですね。僕を詩に誘ってくれたのは、北川幸比古という高校の同級生なんですが、彼の書いた詩を読んで、詩のよさを初めて知った気がします。彼は昭和初期の小市民の生活から生まれたような詩を書いていて、あの時代の雰囲気がとてもよく出ていました。うちと家庭の状況も似てたんじゃないかな。それで好きだったんですよ。

ガリ版で詩誌を作るから何か書けって彼に云われて、僕も書いてみたんですね。北川と一緒に、詩を葉書に書いて往復したりした記憶もあります。

北川は学生時代に『草色の歌』（一九五一年）っていう自費出版の詩集を出して、堀口大學に序文を書いて貰ってるんですが、それに僕も跋文を書いてます。これがその詩集で、装丁も僕がやったんです。絵も描いてね。

**穂村**　あ、かわいい。（奥付を見て）限定二百五十部とあります。

**谷川**　彼はのちに児童文学のほうに行ってしまいましたが、二十代の頃には的場書房という出版社を一人で

『草色の歌』表紙

やってたこともありまして、寺山修司の第一歌集『空には本』（一九五八年）なども出しています。僕も『絵本』（一九五六年）っていう詩集を彼のとこで出してるんですよ。写真も僕が撮って。

**穂村**　（現物を手にして）これは凝った本ですね。一人コラボレーションというか。もうこの頃から、写真詩集を手がけられていたんですね。

**谷川**　（詩集内の写真に写る「手」の）モデルは僕の当時の妻だったり、武満徹の奥さんだったりですね。

**穂村**　うわっ、豪華。でも手だけだから全然誰だかわからない。

**谷川**　豪華というとおかしいけど、ほんとに手近なものを使っていたわけね。

**穂村**　これは最初の奥さんですか。

**谷川**　いや、二番目ですね。

**穂村**　話がちょっと飛んじゃいますけど、谷川さんは、恋愛の時に、才能に惚れて好きになることはあるんですか。

**谷川**　それは、ありますよね。

**穂村**　谷川さんでも、あるんですね！　だから、ものを書く人とつきあうんですか。

**谷川**　別にそういうわけじゃないけど（笑）。ああ、でも、そうか。考えてみると、才能に惚れた人は佐野洋子くらいかもしれないですね。あの時はもう明らかに才能に惚れたところがありますね。

**穂村**　へぇえ。佐野さんのほうはどうなんですか。谷川さんの才能に惹かれたんですか。

**谷川**　それは当人に訊いてください（笑）。

## ■不人情ではなくて、非人情

**穂村**　谷川さんの詩を読んでいて不思議に思うことの一つが、戦争を体験されている世代なのに、戦争の影と云いますか、そういうものをあまり感じないことなんです。

**谷川**　実際ないんだもん。

**穂村**　疎開のご経験はありますよね。

**谷川**　はい。中学生の時に京都に疎開して、敗戦は京都で迎えてます。でも、疎開は戦争の影なんかじゃなくて、文化的な衝突でしたね。東京から京都ですから、言葉も周りの子たちと全然違って、あれはカルチャーショックでした。

いまだによく覚えている戦争の大きな経験は、焼死体を見たことですね。一九四五年五月二十五日の大空襲。焼夷弾（しょういだん）が降ってくるのが見えました。うちはギリギリ無事だったんですが、すぐそこの環七のあたりまで焼けたんです。翌日、友達と自転車に乗って高円寺あたりまで行って、焼夷弾の破片を拾ったり、焼死体ってものをしげしげと見たり。

**穂村**　死体が、普通にその辺に……。

**谷川**　ごろごろしてるわけ。ああ、人間にはこんなふうに穴があるのか、なんてことを間近で確認したりしてましたね。それは相当大きな経験ですね。親戚とか近い人で戦死した人や苦労した人がいなかったから、あまり戦争とは縁がなかったんです。ただ、うちの父親が戦争末期に、海軍の人なんかと一緒に、日本が負けたら天皇をどうするかみたいなことを話し合ったりしていましたね。田中耕太郎っていう、のちの最高裁判所長官なんかも仲間で、うちに来て、僕が応対に出たりしたのを覚えています。

**穂村**　凄い話ですね。お父さんはどう考えてたんでしょうね。

**谷川**　父はいわゆる自由主義者ですからね、前にも書いたことがありますが、東條英機が首相の頃、人気とりのために彼がちょっと子供の頭を撫でてる写真が新聞に出たら、父はそれを見て、凄い苦々しげにね、「こんなことするようじゃ、おしまいだ」って云っていました。父はもちろん戦争に反対していたんだと思いますね。特高に狙われていたこともあるって云ってましたから。

**穂村**　アカじゃないか、みたいな。

**谷川**　そういうことだと思いますね。でも僕は、そういうことに全然関心を持たなかったですね。

**穂村**　敗戦の時、まだ十三歳ですものね。

**谷川**　早熟な子だったら関心を持ったんじゃないかと思いますが、僕は模型飛行機のほうが大切だった（笑）。

**穂村**　谷川さんは、シベリア抑留の体験を持つ石原吉郎の詩をどう思われましたか。

**谷川**　彼の詩は、僕は最初から選者として読んでいましたから。

**穂村**　はい、その選評、読みました（石原吉郎は、「現代詩手帖」の前身「文章倶楽部」への投稿作が選者の鮎川信夫と谷川によって特選作に選ばれてデビューした）。

**谷川**　最初はシベリア体験のことを全然知らずに読んでいたから、凄くポエムだなと思ったんです。〝詩そのもの〟と云うか。『サンチョ・パンサの帰郷』とか、大変魅力のある詩ですよね。あとからシベリア体験のことを知って、彼の散文を読むようになり、全然違う見方をするようになりました。ああいう人には、僕は一種の劣等感をずっと持っていましたね。

**穂村**　それは実体験の重さの違い、みたいなことでしょうか。

**谷川**　それもあるし、彼の詩には、一種の狂気のようなものがあったでしょ。そういうところは自分には全然ないから。

**穂村**　でも我々からすれば、谷川さんの存在は、凄い支えなんです。

**谷川**　何を支えてんだか（笑）。

**穂村**　歴史の重みのような実体験に頼らなくても、詩は書けるんだっていう。

**谷川**　そうそう、それは確実に云えますね。無教養でも詩は書ける。

**穂村**　この場で、素手で書いてもいい、という勇気が出ます。

**谷川**　でも、やっぱり教養のある詩には憧れもありますよ。エリオットなんか読んでいると、「おれ、こういうの書けないんだよな」って気持ちになります。

**穂村** 同時代の、谷川さんと一緒に同人誌を作っていた詩人たちは、どうだったんでしょうか。もっと戦争を意識してるようなイメージがあるのですが。

**谷川** 我々よりひと世代上の「荒地」（鮎川信夫や田村隆一たちによる詩誌）の人たちなんかは、まさにそうですね。我々の「櫂」（一九五三年創刊の詩誌で、茨木のり子、川崎洋、大岡信たちが参加）に比べれば。「櫂」にも僕より年上の人も結構いましたけれど、「荒地」の人たちはちょっと我々とは違うな、という意識を持っていた人が多かったと思います。

**穂村** そんな鮎川さんたちの世代より上の、例えば北園克衛のようなモダニズムは、また少し違いますよね。

**谷川** 北園克衛はあまり頭に入りませんでしたね。僕はだって三好達治の弟子だもの。今になってやっと、ジョン・ソルトたちの優れた研究で、ある程度の北園の面白さがわかるようになりましたが。

**穂村** 当時、北園のところには若い人たちが集まってきていて、寺山も出入りしていましたよね。

**谷川** そうそう、白石かずことかもね。

**穂村** 谷川さんは関わっていなかったのですか。

**谷川** 全然関わってないですね。僕はシュールレアリズム的な方向は、関心を持たなかったんですよ。

**穂村**　当時はそれって珍しいんじゃないですか。

**谷川**　そうなの？　みんなそんなに関心を持ってるの？

**穂村**　谷川さんと同世代の大岡信さんとか飯島耕一さんとか。

**谷川**　大岡は自身でもちゃんと説明を書いていて、僕も納得していますけれどね。シュールレアリズム的な作品というのは、僕はねえ、三好達治とか室生犀星とかそっちの方の人だから、何か違うんですね。

**穂村**　吉岡実はどうですか。

**谷川**　凄く面白いと思っています。「僧侶」、あれは面白くって、本当に感激しましたよ。

**穂村**　あ、そうなんですね。でも吉岡さんはシュールレアリズム的というか、モダニズム詩の代表的な方とされていますよね。

**谷川**　同じモダニズムでも全然違うんですね。つまりジャンル的な区分と、一人一人の才能というのは、また別であって。

**穂村**　その一方で、三好達治なんかにあるような日本的叙情も、谷川さんからはあまり感じないのですが。

**谷川**　よくそう云われますね。

**穂村**　なんと云いますか、谷川さんの詩は、誰にも愛される親しみやすさがある一方で、非情な感じが凄くして、僕はそこに惹かれるんです。独特の非情さ、あれはいったい何なのでしょうか。

**谷川** 『草枕』ですよ。漱石が『草枕』で、「非人情」って云っているでしょ。不人情じゃなくて、非人情。漱石はあれだけ小説を書く人だから、人情の裏の裏まで書けるわけだけど、そんな漱石がそうした人情ではないもの、絵とか詩のような、非人情の世界を救いにしてるっていうふうに書いていているんですよね。

**穂村** それが谷川さんの云う「デタッチメント」(「こだわる」「くっついてくる」意のアタッチメントの反対語。「何かから距離をおく」意。イギリスの詩人ジョン・キーツがよく使っていたことから)。

**谷川** そうなんです。自分としてはそういうふうに思ってます。

**穂村** でも、一般的に日本では、そういう非情さってあまり受けがよくないものですよね。

**谷川** だから僕は佐野洋子に云われてましたよ。寅さんを見せるまで三年かかったって。

**穂村** 佐野さんに見せられたんですね、『男はつらいよ』を。「これを学べ」と。

**谷川** そう。シリーズを三年がかりで。だんだん好きになるものですよ。今でも時々見るとね、いいなぁと思います。寅さん、やっぱりいいですよ。

**穂村** 佐野さんはコワいなぁ(笑)。佐野さんの本を読むだけでも、何を云われるかわからない感じのコワさが、ヒシヒシと伝わってきます。でも谷川さんは、耐えたんですよね、そこに惹かれて。

**谷川**　僕は耐えたけど、向こうは僕に耐えられなかったんじゃないかな。

**穂村**　非人情に。そんな愛の形も、あるんだなぁ。

## ■最近のこと

**穂村**　今日は読書体験をきっかけに、いろいろなお話を伺いましたが、著者や訳者の顔が見える読書体験が凄く多いですね。谷川さんのご活躍の長さを思えば当然のことかもしれませんが。

**谷川**　そうですね。うちの父の仕事柄、子供の頃からものを書く人と会う機会もありましたから。志賀直哉とか梅原龍三郎とかも、子供の時に見知っていますし。

**穂村**　志賀直哉にもお会いになってるんですか。

**谷川**　両親に連れられて行って、志賀さんと一緒に食事したのを覚えています。志賀さんが「今夜は金目鯛があるからそれを食べよう」なんて云っていました。

**穂村**　なんか遠近感が狂ってきちゃうなぁ。近代文学が物凄く間近にあるような。

**谷川**　そうでしょうね。そうだと思いますよ。

**穂村**　漱石とはお会いになっていない？

**谷川**　会ってない（笑）。でも野上弥生子さんは漱石の弟子ですからね、直弟子には会ってるわけですよ。

**穂村**　志賀直哉のような文豪たちって、やっぱり何か凄みがありますか。
**谷川**　志賀さんは、なんかこう、凄い二枚目でしたね。かっこいいんですよ。
**穂村**　へえ。写真で見ると、目が澄んでますよね。
**谷川**　父も結構美男だったのですが、かっこよさの質がちょっと違っていた感じですね。父にはどこか俗っ気がありましたが、志賀さんにはないような気がしました。
**穂村**　俗っ気がなくて小説が書けるものなんでしょうか。
**谷川**　ねえ、ほんと。
**穂村**　最近は、どのような本を読まれましたか。
**谷川**　ポーランドでノーベル賞を貰った詩人、シンボルスカの『橋の上の人たち』に感動しましたね。このなかの「ヒトラーの最初の写真」が素晴らしいんですよ。それは工藤幸雄さんの訳が素晴らしいんだと思う。

最近の発見はね、フランス在住の俳人、小津夜景さん。池澤夏樹さんのおかげで知ったんですが、あの人の漢詩の読みが面白くて、今度出る僕の文庫に解説を書いて貰ったんです。それが凄くいいんですよ。普通の現代詩の人には全然書けないような解説でね。
**穂村**　小津夜景さん、僕も読みました。小説はいかがですか。
**谷川**　ほとんど読んでないいんじゃないかな。やっぱり何か現場を持っている人の文章が好きなんですよ。例えば、京大総長だった山極壽一さんの本を読みましたが、彼は「ゴリラ」って現場を持ってますでしょう。あとは中国古典の『荘子』を文庫で買い込んで、折に触れて読んでいます。あれは突き抜けちゃっていて面白いですね。ニヒリズムなんてものじゃないくらい、突き抜けていて、年寄りには合ってるんですよ。もうあんまり何にも信用してないわけだから。

**穂村**　『ピーナッツ』も結構ニヒルな感じはありますよね。

**谷川**　あれはそうですね。

**穂村**　新刊の情報はどこから得ているんですか。

**谷川**　新聞の広告や書評欄が中心ですね。これは面白そうだって勘が働いたら、すぐにネットで検索して、電子書籍が出てたらその場で下ろして読んじゃいます。

**穂村**　Kindleを使われているんですか。

**谷川**　はい。Kindleに下ろせないものは、すぐ注文して数日中に来たものを読んで、つまんなかったら途中でやめちゃう（笑）。

足腰が弱っちゃいまして、残念ながら本屋さんにもなかなか行けないんですよ。でも今はコロナだしステイホームでいいかと思ってうちに引きこもっているんですが、面白そうな本や映画を探すくらいしかやることがなくなっちゃって。ですから、詩を書くのが一番の楽しみだし、生きがいですね。

（二〇二一年五月十八日、杉並区の谷川邸にて）

本書は二〇一七年十一月に河出書房新社より刊行されました。

# これから泳ぎにいきませんか
穂村弘の書評集

二〇二一年 七 月一〇日 初版印刷
二〇二一年 七 月二〇日 初版発行

著　者 穂村弘
発行者 小野寺優
発行所 株式会社河出書房新社
〒一五一－〇〇五一
東京都渋谷区千駄ヶ谷二－三二－二
電話〇三－三四〇四－八六一一（編集）
〇三－三四〇四－一二〇一（営業）
https://www.kawade.co.jp/

ロゴ・表紙デザイン 粟津潔
本文フォーマット 佐々木暁
本文組版 KAWADE DTP WORKS
印刷・製本 凸版印刷株式会社


Printed in Japan ISBN978-4-309-41826-1

## 求愛瞳孔反射

穂村弘　40843-9

獣もヒトも求愛するときの瞳は、特別な光を放つ。見えますか、僕の瞳。ふたりで海に行っても、もんじゃ焼きを食べても、深く共鳴できる僕たち。歌人でエッセイの名手が贈る、甘美で危険な純愛詩集。

## 短歌の友人

穂村弘　41065-4

現代短歌はどこから来てどこへ行くのか？　短歌の「面白さ」を通じて世界の「面白さ」に突き当たる、酸欠世界のオデッセイ。著者初の歌論集。第十九回伊藤整文学賞受賞作。

## はじめての短歌

穂村弘　41482-9

短歌とビジネス文書の言葉は何が違う？　共感してもらうためには？「生きのびる」ためではなく、「生きる」ために。いい短歌はいつも社会の網の目の外にある。読んで納得！　穂村弘のやさしい短歌入門。

## ぼくの宝物絵本

穂村弘　41535-2

忘れていた懐かしい絵本や未知の輝きをもった絵本に出会い、買って買って買いまくるのは夢のように楽しい……戦前のレトロな絵本から最新絵本まで、名作絵本の魅力を紹介。オールカラー図版満載。

## 異性

角田光代／穂村弘　41326-6

好きだから許せる？　好きだけど許せない⁉　男と女は互いにひかれあいながら、どうしてわかりあえないのか。カクちゃん&ほむほむが、男と女についてとことん考えた、恋愛考察エッセイ。

## サラダ記念日

俵万智　40249-9

〈「この味がいいね」と君が言ったから七月六日はサラダ記念日〉——日常の何げない一瞬を、新鮮な感覚と溢れる感性で綴った短歌集。生きることがうたうこと。従来の短歌のイメージを見事に一変させた傑作！